人力资源管理从入门到精通系列

人力资源管理

招聘、面试、入职、离职

杨娟　郭梅　主编

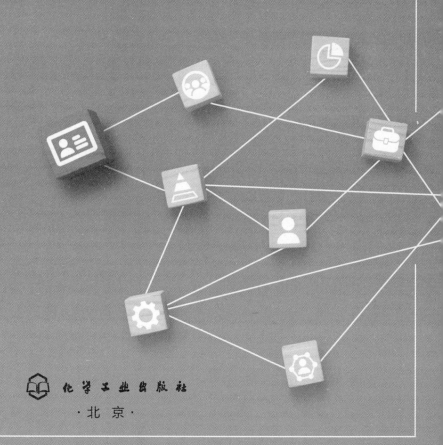

化学工业出版社

·北京·

内 容 简 介

《人力资源管理——招聘、面试、入职、离职》一书主要包括招聘准备、精心面试、人才评估、入职引导、离职管理五章内容,从加强对员工的管理,提高人力资源管理的科学化、规范化,使员工的招聘、面试、入职、离职等人力资源管理的基础工作有章可循进行了系统的归纳和解读。

本书采用图文解读的方式,通过基本流程、内容解读的形式,并辅以小提示、范本、相关链接等栏目,让读者在轻松阅读中了解人力资源管理过程中的要领并学以致用。本书尽量做到去理论化、注重实操性,以精确、简洁的方式描述重要知识点,满足读者希望快速掌握人力资源管理实操技能的需求。

本书可作为人力资源管理相关工作人员的参照范本和工具书,也可供高校教师和专家学者作为实务类参考指南,还可以作为相关培训机构开展人力资源管理培训的参考资料。

图书在版编目(CIP)数据

人力资源管理:招聘、面试、入职、离职/杨娟,郭梅主编.—北京:化学工业出版社,2021.11
(人力资源管理从入门到精通系列)
ISBN 978-7-122-39853-6

Ⅰ.①人… Ⅱ.①杨… ②郭… Ⅲ.①人力资源管理 Ⅳ.①F243

中国版本图书馆CIP数据核字(2021)第179109号

责任编辑:陈 蕾 刘 丹　　　　　文字编辑:夏明慧
责任校对:边 涛　　　　　　　　装帧设计:史利平

出版发行:化学工业出版社(北京市东城区青年湖南街13号 邮政编码100011)
印　　　刷:三河市航远印刷有限公司
装　　　订:三河市宇新装订厂
787mm×1092mm　1/16　印张12¾　字数257千字　2022年1月北京第1版第1次印刷

购书咨询:010-64518888　　　　　　　售后服务:010-64518899
网　　址:http://www.cip.com.cn
凡购买本书,如有缺损质量问题,本社销售中心负责调换。

定　价:68.00元　　　　　　　　　　　　　　　　　　　　　版权所有 违者必究

前言

人力资源管理在企业管理中的作用日益重要。一个企业能否健康发展，在很大程度上取决于员工素质的高低，取决于人力资源管理的综合水平。

人是企业拥有的重要资源，也是企业的核心竞争力所在。随着企业对人力资源的利用和开发，企业的决策越来越多地受到人力资源管理的约束。目前人力资源管理逐渐被纳入企业发展战略规划中，成为企业谋求发展壮大的核心因素，也是企业在市场竞争中立于不败之地的至关重要因素。人力资源管理的质量高低，直接影响到企业利润和企业的核心竞争力，人力资源变成了优先级最高的战略性资源之一。

基于此，为了帮助人力资源管理工作者更好地完成本职工作，充分发挥人力资源管理工作在企业发展中的作用，我们组织有关专家学者编写了本书。

《人力资源管理——招聘、面试、入职、离职》一书主要对招聘准备、精心面试、人才评估、入职引导、离职管理五章内容进行了系统的归纳和解读，旨在帮助管理者加强对员工的管理，提高人力资源管理的科学化、规范化，使员工的招聘、面试、入职、离职等人力资源管理的基础工作有章可循。

通过本书的学习，人力资源管理者可以全面掌握人力资源管理的各项技能，更好地开展人力资源管理工作。同时，本书可以作为人力资源管理入门者、中小企业管理者、各高校人力资源管理专业的学生、大型企业中层管理者自我充电、自我提升的学习手册和指导手册，还可以作为相关培训机构开展岗位培训、团队学习的参考资料。

本书由杨娟、郭梅主编，参编的还有匡仲潇、刘艳玲。本书采用图文解读的方式，通过基本流程、内容解读的形式，并辅以章前概述、思维导图、小提示、范本、相关链接、案例赏析等栏目，让读者在轻松阅读中了解人力资源管理的要领并学以致用。本书尽量做到去理论化、注重实操性，以精确、简洁的方式描述重要知识点，最大化地满足读者希望快速掌握人力资源管理技能的需求。

由于笔者水平有限，书中难免出现疏漏之处，敬请读者批评指正。

编者

目录

第一章 招聘准备

"凡事预则立，不预则废"，可以说，人才招聘工作的成败，很大程度上取决于企业人力资源管理者（以下简称HR）前期的准备工作是否做得充分、到位。另外，招聘工作的组织水平也从侧面反映出一个企业的整体管理水平和员工的职业化程度。

第一节　明确招聘需求 3
　　【基本流程】 3
　　【内容解读】 3
　　　内容一：招聘需求的产生 3
　　　内容二：招聘需求的提出 4
　　　内容三：招聘需求的甄别 6
　　　内容四：招聘需求的分析 7
　　　内容五：招聘需求的锁定 8

第二节　进行职位分析 9
　　【基本流程】 9
　　【内容解读】 10
　　　内容一：职位分析计划 10
　　　内容二：职位分析设计 10
　　　内容三：职位信息收集 13
　　　内容四：职位信息分析 14

　　　　内容五：职位信息固化——撰写职位说明书 15

第三节　选择招聘渠道 19
　　【基本流程】 19
　　【内容解读】 20
　　　　内容一：内部招聘 20
　　　　内容二：网络招聘 24
　　　　　　相关链接　2020年网络招聘行业市场规模 25
　　　　内容三：校园招聘 25
　　　　内容四：现场招聘 27
　　　　内容五：委托猎头公司招聘 27

第四节　发布招聘广告 28
　　【基本流程】 28
　　【内容解读】 29
　　　　内容一：招聘广告的法律性质 29
　　　　内容二：招聘广告的内容组成 30
　　　　内容三：招聘广告的写作技巧 31
　　　　内容四：招聘广告的发布渠道 32
　　　　内容五：招聘广告的风险规避 33
　　　　　　案例赏析　酒楼因招聘广告"只招男性"被起诉 35

第五节　筛选求职简历 36
　　【基本流程】 36
　　【内容解读】 37
　　　　内容一：简历筛选的标准 37
　　　　内容二：有效解读应聘者的简历 38
　　　　内容三：对客观信息的筛选 40
　　　　　　相关链接　从简历判断应聘者是否具有实操的方法 43
　　　　内容四：对主观信息的筛选 43
　　　　内容五：初判简历的适合度 44
　　　　内容六：对简历逻辑性的审查 44
　　　　内容七：进行简历匹配 44

第二章　精心面试

实践中,企业用人仅依据应聘者简历就决定聘用的事情不多。即使从应聘者的出身、志向及履历等情况来看,其条件都是无可挑剔的,也必须对应聘者进行面试,这是招聘的大原则。

第一节　面试前用心准备 49
　　【基本流程】 49
　　【内容解读】 50
　　内容一：发出面试邀请 50
　　　　　　范本　面试通知（初试） 52
　　　　　　范本　面试通知（复试） 52
　　内容二：安排面试时间 53
　　内容三：布置面试场地 53
　　　　　　相关链接　常见面试座位安排 53
　　内容四：准备面试资料 55
　　内容五：筹备面试小组 55
　　　　　　相关链接　面试官应有的职业素养 57
　　内容六：提前阅读简历 58
　　内容七：面试方法选择 60
　　内容八：面试问题设计 62

第二节　面试中高效识人 64
　　【基本流程】 64
　　【内容解读】 64
　　内容一：掌握提问的技巧 64
　　　　　　案例赏析　面试官有效提问,筛选合适人才 68
　　内容二：掌握倾听的技巧 70
　　　　　　相关链接　面试官如何听应聘者自我介绍 72
　　内容三：掌握观察的技巧 73
　　内容四：面试361法则 74

| 第三节 | 面试后及时评估 | 75 |

　　【基本流程】 75
　　【内容解读】 76
　　　　内容一：开展面试评估 76
　　　　　　案例赏析　巧设陷阱考察求职者的应变能力 78
　　　　内容二：强化评估效果 78
　　　　　　范本　面试评估表（一） 80
　　　　　　范本　面试评估表（二） 81
　　　　　　相关链接　影响面试评估效果的因素 84
　　　　内容三：撰写面试评语 85
　　　　内容四：做出录用决策 88

第三章　人才评估

　　HR对于招聘到的意向求职者，应进行相应的入职审查和背景调查，并与当事人就企业的薪酬待遇进行沟通后，才能发放录取通知。

| 第一节 | 入职背景调查 | 95 |

　　【基本流程】 95
　　【内容解读】 96
　　　　内容一：背景调查的时机 96
　　　　内容二：背景调查的对象 96
　　　　内容三：背景调查的内容 97
　　　　　　范本　背景调查表 98
　　　　内容四：背景调查的实施 99
　　　　内容五：确保调查的可信度 101
　　　　内容六：规避背景调查的纠纷 102
　　　　　　范本　背景调查授权书 103

| 第二节 | 薪酬福利沟通 | 104 |

　　【基本流程】 104
　　【内容解读】 105

内容一：遵循定薪原则 105
　　内容二：把握定薪策略 106
　　内容三：掌握谈薪技巧 107

第三节　入职体检审查 110
　【基本流程】 110
　【内容解读】 111
　　内容一：入职体检的意义 111
　　内容二：体检指标的设置应符合法律规定 111
　　内容三：体检不合格用工风险防范 112
　　内容四：健全体检审查制度 112

第四节　发放录用通知书 113
　【基本流程】 113
　【内容解读】 114
　　内容一：录用通知书包含的内容 114
　　　　　范本　录用通知 114
　　内容二：录用通知书发出的形式 115
　　内容三：录用通知书的法律效力 115
　　　　　案例赏析　发放录用通知后却不同意入职 117

第四章　入职引导

明确有序的入职引导，可以帮助新员工更快地融入新环境，形成企业认可的工作态度、工作习惯，并为新员工将来的工作开展打下良好的基础。

第一节　新人入职报到 121
　【基本流程】 121
　【内容解读】 121
　　内容一：员工入职前的准备工作 121
　　内容二：新员工报到当天准备工作 122
　　内容三：办理新员工入职手续 122

　　　　　范本　新员工入职管理规定 122
　　内容四：给新员工做好入职指引 125
　　内容五：安排新员工参加岗前培训 125
　　内容六：帮助新员工快速融入团队 125
　　　　　相关链接　HR做好新员工入职引导的小技巧 126

第二节　签订劳动合同 127
　【基本流程】......127
　【内容解读】......128
　　内容一：签订时要尽告知义务 128
　　内容二：必须订立书面劳动合同 129
　　　　　案例赏析　员工入职拒签劳动合同，怎么办 130
　　内容三：劳动合同的必备条款 131
　　内容四：劳动合同的约定条款 133
　　内容五：避免签无效劳动合同 136
　　　　　相关链接　常见的无效劳动合同条款 138

第三节　新人入职培训 139
　【基本流程】......139
　【内容解读】......140
　　内容一：入职培训的目的 140
　　内容二：入职培训的内容 141
　　内容三：入职培训的方式 141
　　内容四：入职培训考核与反馈 141
　　内容五：入职培训效果评估 142

第四节　员工试用管理 143
　【基本流程】......143
　【内容解读】......144
　　内容一：试用期限规定 144
　　内容二：试用期工资标准 146
　　内容三：试用期应缴纳社会保险 146
　　内容四：试用期员工的引导 147

内容五：试用期转正 ·· 149

　　内容六：试用期解除合同 ·· 149

　　　　案例赏析　员工状告企业试用期违法解除劳动合同 ·················· 152

第五章　离职管理

　　员工离职是员工流动的一种重要方式。人员流动是企业发展过程中的必然现象，适当的离职率对推动企业发展和保持企业活力是有益的，反之则会影响企业的发展。

第一节　离职征兆察觉 ·· 157

【基本流程】 ·· 157

【内容解读】 ·· 157

　　内容一：员工离职的常见原因 ·· 157

　　　　相关链接　员工在职时间分析 ···································· 159

　　内容二：员工离职前的主要表现 ······································ 161

第二节　离职沟通面谈 ·· 164

【基本流程】 ·· 164

【内容解读】 ·· 165

　　内容一：员工主动辞职的离职面谈 ···································· 165

　　内容二：企业辞退员工的离职面谈 ···································· 169

　　　　案例赏析　员工考核不合格，被企业辞退 ························ 171

　　内容三：经济性裁员的离职面谈 ······································ 173

第三节　离职风险管控 ·· 174

【基本流程】 ·· 174

【内容解读】 ·· 174

　　内容一：劳动合同的解除情形 ·· 174

　　　　相关链接　《劳动合同法》关于经济补偿金的规定 ················ 177

　　内容二：协商解除劳动合同的风险防控 ································ 178

　　内容三：用人单位单方解除劳动合同的风险防控 ······················ 179

　　内容四：员工主动离职风险防控 ······································ 183

第四节　离职员工关系管理 185
【基本流程】 185
【内容解读】 186
内容一：离职员工关系管理的含义 186
内容二：离职员工的价值 186
内容三：离职员工关系管理体系构建 188

第一章
招聘准备

章前概述

"凡事预则立，不预则废"，可以说，人才招聘工作的成败，很大程度上取决于企业人力资源管理者（以下简称HR）前期的准备工作是否做得充分、到位。另外，招聘工作的组织水平也从侧面反映出一个企业的整体管理水平和员工的职业化程度。

思维导图

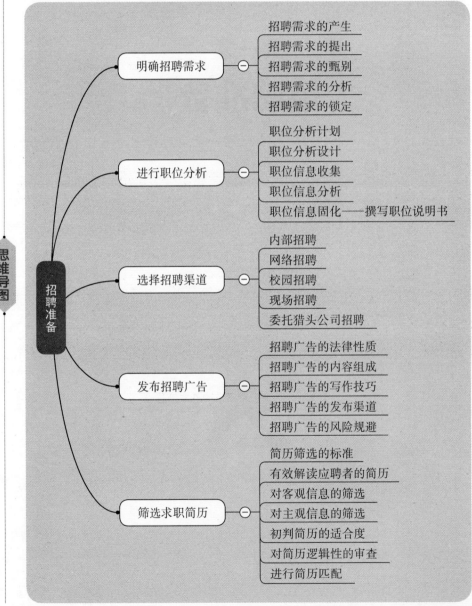

第一节
明确招聘需求

【基本流程】

确定招聘需求是组织招聘工作的起点，它对招聘工作的整个流程起到引导作用，是招聘开展前最基础的准备。只有在招聘前了解招聘的目的，明确招聘需求，做到人岗匹配，招聘才能取得更好的效果。

明确招聘需求的基本流程如图1-1所示。

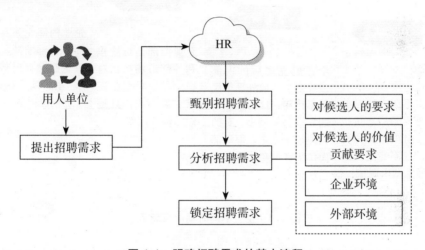

图1-1 明确招聘需求的基本流程

【内容解读】

内容一：招聘需求的产生

招聘需求是指企业在发展过程中，为实现战略目标和阶段性任务而产生的人员招聘需求。其来源如图1-2所示。

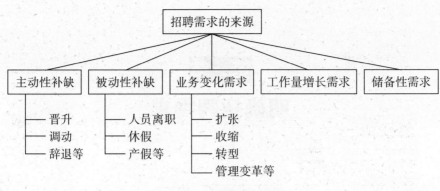

图 1-2 招聘需求的来源

企业根据其经营的目的产生招聘需求,并且在不同的阶段,招聘的需求各不相同。一般包括初创期、成长期、稳定期、衰退期等四个阶段,如图 1-3 所示。

图 1-3 企业不同时期的招聘需求

> **小提示**
>
> 因劳动合同的履行、变更、解除、终止等产生的招聘需求,在企业运行周期的各个阶段都会发生。

内容二:招聘需求的提出

根据企业统一的人力资源规划,或由各部门根据长期或短期的实际工作需要,填写如表 1-1 所示的"员工需求申请表",准确地把握有关企业对各类人员的需求信息,确定人员招聘的种类和数量。

表1-1 员工需求申请表

职位/职级：		部门：	□职工　　□职员
直属主管姓名：　　职位：		所需数目：	到职日期：
性质： □固定　□兼职　□临时 时间_____		学历： □大学以下　□大专 □本科　　　□硕士 □博士	年龄： □18～20　□21～25 □26～30　□31～35 □36～40　□40以上
工作地点：			
建议薪金：		最高： 最低：	工作时间： 休息日：
聘请原因：			
□替代		替代员工姓名：	职位/职级：
		离职日期：	
□增加		增加原因：	
□预算		□非预算	
工作内容与职责：			
资格要求：			
学历：			
知识/技能：			
经验：			
个人特性：			其他：
建议聘请途径		□向外聘请 □内部调升	建议人选：
建议人： 签名： 日期：	部门经理： 签名： 日期：	复审（人力资源部）： 签名： 日期：	批准（总经理）： 签名： 日期：

内容三：招聘需求的甄别

当用人部门提出招聘需求时，HR 应在清晰业务背景的前提下利用实际数据支撑与用人部门探讨人员配置。HR 通过甄别环节判断用人部门的招聘需求是否真实？具体可以通过图 1-4 所示的四个维度来进行甄别。

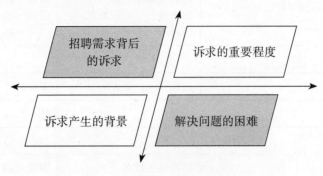

图 1-4　甄别招聘需求的维度

1. 招聘需求背后的诉求

招聘只是用人部门认为解决问题的手段和途径，HR 在面对招聘需求时，第一反应应该是去探究用人部门提出招聘需求背后的诉求是什么，即招聘要解决什么问题。

HR 要与用人部门以及流程相关者进行深入交互，挖掘澄清招聘背后的诉求，确保需求是在实际业务场景下产生的，而不是臆想出来的。有时候用人部门可能真不知道为什么要招聘，只是觉得部门编制有这么多人，多个人能多分担些任务，实际上等人招来了却没什么工作可安排。

另外，在用人部门以离职补充为由要求招聘时，HR 同样要探究需求背后的诉求，因为有时候用人部门里会有一些所谓的"闲人"，或者因为历史原因留有多余人员，那么这些人的离职，就没必要补充。

2. 诉求的重要程度

在确定招聘诉求要解决的问题后，HR 需要探究这个问题的重要程度，即这个问题是否为影响业务推进的瓶颈。或者可以反向思考，这个问题不解决会带来什么样的影响。如果现阶段这个问题并不是特别重要，那么招聘需求也可以缓一缓。

3. 诉求产生的背景

即招聘要解决的这个问题产生的背景是什么？是因为业务战略改变、产品技术革新、政策异动或者是组织架构调整。只有清晰问题产生的背景和原因后，我们才能更合理地推演问题解决思路，进而判别招聘需求的真伪。

一般来说，在事先制定好的人员预算中的招聘计划是可以直接执行的。当用人部门发现人手紧张时，他们的第一反应往往就是"我们需要招人！"其实有时候职位空缺或人手不够的情况不一定非要招聘新人，可以通过表1-2所示的方式解决。

表1-2 解决人手不够的方式

序号	解决方式	具体说明
1	将其他部门的人员调配过来	一个部门人员不够，很可能另一个部门有富余的人员，而这些人员恰好可以满足那个部门的人员需求
2	现有人员加班	有些工作任务是阶段性的，若招聘正式员工进来，短期的繁忙阶段过去了，就会出现冗员。如果现有人员适当加班就可以解决问题，那么就不必去招聘新人了
3	工作的重新设计	有时人手不够可能是由于工作的流程不合理或者工作的分配不合理。如果能够对工作进行重新设计，人手不够的问题可能就会迎刃而解
4	将某些工作外包	有些非核心性的工作任务完全可以外包给其他机构来完成。这样我们就可以免去招聘人员的麻烦，而且也减轻了管理的负担

> **小提示**
>
> 人力资源部有必要协助用人部门管理者判断是否只有招人才能解决问题，即使是招人，也要判断是否一定要招聘正式员工。

4. 解决问题的困难

即回答解决招聘需求背后的诉求时，遇到的困难和挑战是什么？这个问题要导出两个结果，一是要解决这问题，招聘是否是唯一选择或者是否是最优选择；二是要解决这个问题需要什么特质的人。

综上，HR应围绕这四个问题，与用人部门共同梳理、深入沟通，就招聘需求的真实性达成共识。即使是伪需求，HR也会因为协助澄清需求背后的问题，而取得用人部门的理解和认同。

内容四：招聘需求的分析

通过上面的甄别环节，HR明确了用人部门招聘需求的真实性。在需求的分析阶段，HR应围绕新人来了做什么、公司能为新人提供什么这两个问题来剖析理解招聘需求，客观呈现企业诉求及自身的优劣势，为招聘策略奠定基础。对此，HR可从表1-3所示的四个维度来进行分析。

表 1-3 招聘需求的分析维度

序号	分析维度	具体说明
1	岗位诉求	基于需求甄别阶段与用人部门的深入交流，HR 与用人部门已对新人到来后要解决的问题，可能遇到的困难和挑战，达成了一致共识。在此，需要 HR 进一步与用人部门沟通，一是对现状和基础进行客观描述；二是明确评价问题解决程度的量化指标，避免出现到岗位后评价不一致的现象
2	组织定位	具体指在企业现行组织架构中，招聘需求职位所处的层级、承担的职责、协作汇报关系等。HR 需要借助企业已经梳理的"岗位说明书""任职资格要素""胜任力素质模型"等资料，整理相关信息。同时 HR 要深入实际业务场景，观察目前在岗人员工作情况，了解岗位细节。如果是新增职位需求，可以通过行业交流来了解岗位相关信息
3	企业环境	通过对企业环境的分析，一是知晓企业自身相对于市场的竞争优势，二是清晰企业需求人员的特质要素，做到价值观匹配，主要包括： （1）硬环境：候选人可以显性感知的，具有客观量化评价指标的，包括薪酬福利、地理位置、公司规模、行业地位、品牌知名度等 （2）软环境：企业特有文化、团队行事风格以及直接领导管理风格 对于企业软环境分析一定要客观清晰，越是高端职位，越注重双方文化的融入和匹配。企业在做价值观匹配时，首先要检核自己的企业文化或者价值观是否是目标群体所认同的，企业要能够因地制宜适时改良自己的土壤，而不是一味地找适应自己价值观的人
4	外部环境	外部环境分析，侧重从整个行业视角，看待招聘需求职位的情况，包括人才供给情况、薪酬水平以及人群特性等，明确人才竞争情况

> **小提示**
>
> 通过招聘需求分析，HR 要清楚企业对于招聘需求职位内部的定位、诉求以及企业自身的优势有哪些，同时也要清楚外部市场情况。基于目标群体的特性，链接企业内外部情况，才能为后续的精准招聘奠定基础。

内容五：招聘需求的锁定

HR 在与用人部门就招聘需求甄别、招聘需求分析达成一致意见后，还要做的一项工作就是锁定招聘需求，完成人才画像。具体可以通过图 1-5 所示的六个维度进行描述。

包括个人教育情况、行业从业经历、同类型岗位工作经历等

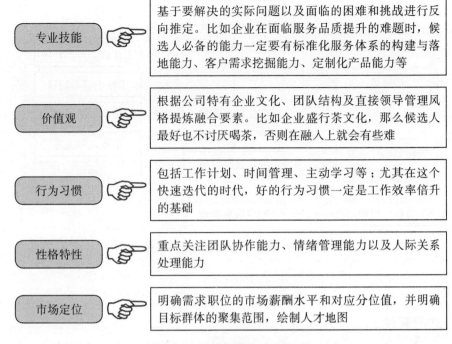

图 1-5 锁定招聘需求的维度

> **小提示**
>
> 在做人才画像过程中,HR 要全程保持与用人部门的紧密互动,确保双方对目标候选人的认知具有一致性,只有这样才不至于出现对招聘进来的人员评价不一的情况。

第二节
进行职位分析

【基本流程】

职位分析是对职位的工作内容、工作职责、任职资格等进行全面分析的过程,它既要满足组织发展的需要,也要兼顾员工个人发展的需要。职位分析是进行人员招聘的基础,只有先分析了职位的需求才能招聘相应的人员在相应的职位上发挥最大的作用。

进行职位分析的基本流程如图 1-6 所示。

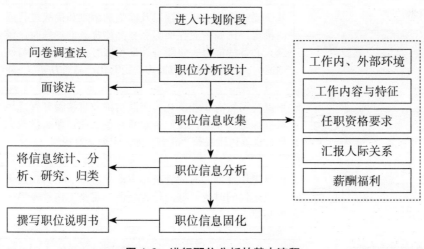

图 1-6　进行职位分析的基本流程

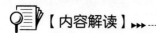

内容一：职位分析计划

计划阶段是职位分析的第一阶段。在计划阶段中，应做好图 1-7 所示的几项工作。

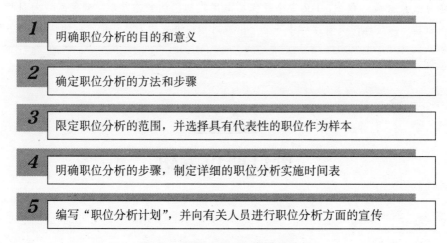

图 1-7　职位分析计划阶段的工作

内容二：职位分析设计

在职位计划书得到批准后，即可组建职位分析小组，进入职位分析的设计阶段。在设计阶段要设计出具体的职位分析实施内容，常用的方法有以下两种。

1. 问卷调查法

问卷调查法的设计阶段需要拟订一套切实可行、内容丰富的问卷，然后由员工进行填写。问卷调查法适用于脑力工作者、管理工作者或工作不确定因素很大的员工，比如软件开发人员、艺术设计等。问卷调查法便于统计和分析。要注意的是，调查问卷的设计直接关系着问卷调查的成败，所以问卷一定要设计得完整、科学、合理，要能够比较全面地反映出该职位的工作内容、工作职责、职位任职资格等内容。

问卷调查法的步骤如图1-8所示。

图1-8　问卷调查法的步骤

2. 面谈法

面谈法也称采访法，它是通过职位分析人员与员工面对面的谈话来收集职位信息资料的方法。面谈法的设计阶段需要形成一个有效和完整的"面谈提纲"，面谈提纲的内容和"职位分析调查表"的内容基本相同。

面谈法对职位分析人员的语言表达能力和逻辑思维能力有较高的要求。职位分析人员要能够控制住谈话的局面，既要防止谈话跑题，又要使谈话对象能够无所顾忌地侃侃而谈。职位分析人员要及时准确地做好谈话记录，同时尽量避免让谈话对象产生顾虑。面谈法适合于脑力职位者，如开发人员、设计人员、高层管理人员等。

面谈法的步骤如图 1-9 所示。

第一步	事先需征得样本员工直接上级的同意，尽量获取直接上级的支持
第二步	在无人打扰的环境中进行面谈
第三步	向样本员工讲解职位分析的意义，并介绍面谈的大体内容
第四步	为了消除样本员工的紧张情绪，职位分析人员可以以轻松的话题开始
第五步	鼓励样本员工真实、客观地回答问题，不必对面谈的内容产生顾虑
第六步	职位分析人员按照面谈提纲的顺序，由浅至深地进行提问
第七步	营造轻松的气氛，使样本员工畅所欲言
第八步	注意把握面谈的内容，防止样本员工跑题
第九步	在不影响样本员工谈话的前提下，进行谈话记录
第十步	在面谈结束时，应该让样本员工查看并认可谈话记录
第十一步	面谈记录确认无误后，完成职位信息收集，向样本员工致谢

图 1-9　面谈法的步骤

下面列举了一些职位分析面谈时的关键问题，职位分析人员可以根据具体情况，有选择地使用。

（1）请问你工作的主要流程是怎样？

（2）请问你主要做哪些职位工作？可以举一些实例。

（3）请你尽可能详细地讲讲你昨天一天的工作内容。

（4）请问你对哪些事情有决策权？哪些事情没有决策权？

（5）请讲讲你在工作中需要接触到的人？

（6）请问你需要哪些设备和工具来开展你的职位工作？其中哪些是常用的？哪些只是偶尔使用？你对目前的设备状况满意吗？

（7）请问你在人事审批权和财务审批权方面有哪些职责？可以举些实例。

（8）请问你做好这项职位需要什么样的文化水平？需要哪些知识？需要什么样的心理素质？

（9）如果对一个大专学历层次的新员工进行培训，你认为需要培训多长时间才能正式上岗?

（10）你觉得目前的工作环境如何？是否还需要更好的环境？你希望哪些方面得到改善？

（11）你觉得该工作的价值和意义有多大？

（12）你认为怎么样才能更好地完成工作？

（13）你还有什么要补充的？

（14）你确保你回答的内容都是真实的吗？

内容三：职位信息收集

职位信息收集是职位分析工作中最重要的一环，需要收集的信息与数据如表1-4所示。

表1-4　职位分析需要收集的信息与数据

与工作环境相关信息	
工作内部环境 （1）组织的愿景、目标与战略 （2）组织的年度经营计划与预算 （3）组织的经营管理模式 （4）组织结构、业务流程/管理流程 （5）人力资源管理、财务管理、营销管理等 （6）组织所提供的产品/服务 （7）组织采用的主要技术 （8）有关组织的研发、采购、生产、销售、客户服务的有关信息 （9）组织文化的类型与特点	工作外部环境 （1）行业标杆职位的状况（以行业中的领先企业与主要竞争对手为主） （2）客户（经销商）信息（包括客户档案、客户经营管理模式、客户投诉记录等） （3）顾客（最终用户）信息（包括顾客的内在需求特点、顾客调查、顾客投诉等） （4）外部供应商的信息 （5）主要合作者与战略联盟的信息 （6）主要竞争对手的信息
与工作本身相关的信息	
工作内容/工作情景因素 （1）工作职责 （2）工作任务 （3）工作活动 （4）绩效标准 （5）关键事件 （6）沟通网络 （7）工作成果（如报告、产品等）	工作特征 （1）职位对企业的贡献与过失损害 （2）管理幅度 （3）所需承担的风险 （4）工作的独立性 （5）工作的创新性 （6）工作中的矛盾与冲突 （7）人际互动的难度与频繁性

续表

与任职者相关的信息	
任职资格要求 （1）一般教育程度 （2）专业知识 （3）工作经验（一般经验、专业经验、管理经验） （4）各种技能 （5）各种能力倾向 （6）各种胜任素质要求（包括个性特征与职业倾向、动机、内驱力等）	人际关系 （1）内部人际关系（与直接上司、其他上级、下属、其他下级、同事之间的关系） （2）外部人际关系（与供应商、客户、政府机构、行业组织、社区之间的关系）

对于上表的各种信息与数据，其来源如图1-10所示。

来源于产业/行业的标杆	来源于组织内部的文献	来源于与职位相关的组织人员	来源于外部组织或人员
·其他企业的职位说明书 ·职业数据 ·职业名称大词典 ·职业信息网	·组织现有的政策、制度文献 ·以前的职位说明书或岗位职责描述 ·劳动合同 ·人力资源管理文献	·该职位的任职者 ·该职位的同事 ·该职位的上级 ·对该职位产生影响或受该职位影响的其他人员	·组织的客户 ·组织的策略联盟者 ·组织的上游供应商 ·组织的销售渠道

图1-10 职位分析的信息来源

内容四：职位信息分析

职位信息分析阶段是将所收集到的各种信息进行统计、分析、研究、归类的一个过程。在信息分析阶段最好参照企业以前的职位分析资料和同行业同职位其他企业的相关职位分析的资料，以提高信息分析的可靠性。

信息分析阶段，需要分析表1-5所示的内容。

表1-5 信息分析的内容

序号	内容	具体说明
1	基本信息	如职位名称、职位编号、所属部门、职位等级等
2	工作活动和工作程序	如工作摘要、工作范围、职责范围、工作设备及工具、工作流程、人际交往、管理状态等

续表

序号	内容	具体说明
3	工作环境	如工作场所、工作环境的危险、职业病、工作时间、工作环境的舒适程度等
4	任职资格	如年龄要求、学历要求、工作经验要求、性格要求等
5	基本素质	如学历要求、专长领域、职位经验、接受的培训教育、特殊才能等
6	生理素质	如体能要求、健康状况、感觉器官的灵敏性等
7	综合素质	如语言表达能力、合作能力、进取心、职业道德素质、人际交往能力、团队合作能力、性格、气质、兴趣等

> **小提示**
>
> 在信息分析过程中，还可以请求基层管理者提供帮助，确保信息的可靠性和真实性。

内容五：职位信息固化——撰写职位说明书

经过前面职位信息的分析，接下来就可以对职位信息进行固化——撰写职位说明书。

职位说明书是指用于阐述员工应该做什么、怎样做和在哪些情况下履行职责的文件。职位说明书的撰写需要根据企业的具体情况，文字简洁明了，并且内容越具体越好，避免形式化、书面化。

职位说明书的基本格式，也因不同的情况而异，但是大多数情况下，职位说明书应该包括表1-6所示的主要内容。

表1-6 职位说明书的内容

序号	内容	具体说明
1	职位识别信息	指职位的基本属性特点，包括职位名称、部门、工作地点、出差要求及有效性标识等基本信息
2	工作网络关系	指职位的内外部工作关系网络，包括与该职位相关的上下级职位名称、管理幅度、对下属员工的人事管理权限以及与外部机构的工作关系
3	职位目的与职责	包括职位目的、职责范围、责任级别、衡量标准的界定
4	任职资格	指任职者的最低准入条件，"最低"指如果再低于这个资格条件就无法胜任该职位要求的工作，任职资格包括教育背景、工作经验、专业知识与技能

具体来看,表1-7是一份完整的职位说明书的模板。

表1-7 职位说明书

职位识别信息						
职位名称		所属部门				
职位编号		工作地点				
所在城市		出差要求	□无	□偶尔	□经常	□常驻
工作网络关系						
直接上级职位		其他汇报职位				
直接下级职位		人员管理权限	薪酬	□无	□建议权	□决定权
直接下级人数			绩效	□无	□建议权	□决定权
直接管辖团队			配备	□无	□建议权	□决定权
业务指导职位						
对职位产生影响的外部机构		受到职位影响的外部机构				
职位目的与职责						
职位目的(存在的理由,限制和目标)						
职责范围 (名称、定义、该职责所要达到的结果/目标)			责任级别 (全部/部分/协助)		衡量标准 (数量、质量)	
业务类	战略层面					
	战术层面					
	操作层面					
管理类						
任职资格						
教育程度		专业方面				
工作经验		行业经验				
培训经历		管理技能				
通用技能		专业技能				

1. 职位识别信息的撰写要点

职位识别信息的构成要素如表1-8所示。

表 1-8 职位识别信息的构成要素

序号	构成要素	具体说明
1	职位名称	指该职位的名称，是对职位职责的高度概括，格式为：限定词+名词，如研发工程师、财务部经理、培训专员等
2	所属部门	指次于公司级的组织（部门）或子公司，如营运中心、华北公司财务部等
3	职位编号	指按照公司统一职位编码原则确定的职位编码
4	工作地点	指该职位在公司内部何处开展工作
5	所在城市	指该职位工作地点所在的城市
6	出差要求	指该职位是否需要出差以及如果出差，其频率大致多高
7	版本号	指本职位描述文件的版本编号
8	生效日期	指本职位描述文件经过审核批准后开始生效的日期

2. 工作网络关系的撰写要点

工作网络关系的构成要素如表 1-9 所示。

表 1-9 工作网络关系的构成要素

序号	构成要素	具体说明
1	直接上级职位	指该职位的直接上级领导职位名称
2	其他汇报职位	指该职位存在双重领导时的非直接上级职位
3	直接下级职位	指该职位直接管理的下级职位名称
4	直接下级人数	指该职位直接管理的下级职位的任职者数量
5	直接管辖团队	指该职位直接下级中属于团队领导者的职位数量，其中团队领导者指至少管理3个下属（不包括秘书，助理）的职位，2个下属时可计为0.5
6	人员管理权限	描述该职位对直接下属的人力资源管理权限。 （1）薪酬：该职位对直接下级有无薪酬建议和决策权限 （2）绩效：该职位对直接下级有无绩效结果的建议和决策权限 （3）配备：该职位对直接下级有无人员招聘/解雇/内部调动的建议和决策权限
7	业务指导职位	指该职位需要对哪些跨部门职位进行业务上的指导
8	对职位产生影响的外部机构	指该职位受到哪些外部机构的影响，包括相关政府部门、产业链上下游企业及其他相关单位等
9	受到职位影响的外部机构	指该职位将对哪些外部机构产生影响

3. 职位目的与职责的撰写要点

（1）职位目的的撰写要点。职位目的的撰写应简单、准确地说明该职位存在的理由，受到的限制及其存在对于组织的贡献，以及工作最终要达到的目标和效果。在撰写中要注意以下事项。

① 不要将怎样完成结果的过程写入目标陈述；

② 是对职位职责的高度概括；

③ 撰写目标陈述时通常始于一个动词，以此动词继续陈述这一动词起着什么样的作用，受到何种限制，要到达什么目的。

比如，销售员工作目标：按销售计划执行销售任务，回收货款，以实现公司年度销售目标。

（2）职责范围的撰写要点。职责范围包括为达到工作目标，需完成哪些工作，以及为完成这些工作个人所负有的责任。需要将工作内容分为业务类和管理两大类，如表1-10所示。

表1-10 职责范围包含的内容

序号	内容	具体说明
1	业务类	指该职位在职业务领域中在战略、战术和操作三个不同层面中的主要工作内容 （1）战略层面指该职位在公司战略方面的主要工作 （2）战术层面指该职位在业务运作方面的主要工作，如：主持质保体系建设工作，完成日常体系运行督查，确保体系正常运行并通过复审 （3）操作层面指该职位在具体工作环节/流程方面的主要工作
2	管理类	指该职位对所在部门所辖下属职位的主要管理工作

（3）责任级别的撰写要点。责任级别是指在职责范围内担负责任的程度，分为全部、部分和协助三类。具体来说，责任级别的构成要素如表1-11所示。

表1-11 责任级别构成要素

序号	构成要素	具体说明
1	全部	通过行使行政权力组织直接下属或协调其他职能部门完成某项工作，或者独立完成某项工作，对工作结果完全负责，如：人力资源主管主要负责绩效管理工作，承担全部责任
2	部分	辅助或与别人共同完成某项工作，对工作成果承担局部责任，如：人力资源主管配合人力资源经理进行人员配置，承担部分责任
3	协助	支持别人完成某项工作，对结果只承担间接责任，如：人力资源主管参与建立人力资源计划体系，承担协助责任

（4）衡量标准的撰写要点。衡量标准是指衡量职位职责完成情况的数量、质量等指标。

比如，衡量项目部职责完成情况需要考虑项目成本；衡量财务人员职责需要考虑报表的及时性和准确率；衡量辅助性职能部门职责完成情况需要考虑员工满意度。

4. 任职资格的撰写要点

任职资格的构成要素如表1-12所示。

表 1-12　任职资格的构成要素

序号	构成要素	具体说明
1	教育程度	指任职者最高学历的下限要求
2	专业方向	指任职者所学专业方向要求
3	工作经验	指任职者的从业年限下限要求
4	行业经验	指任职者在指定行业或专业领域的从业时间下限要求
5	培训经历	指任职者经过培训具备的非学历资质要求
6	管理技能	指任职者需要具备的相关管理能力及水平要求，如：高级项目管理技能
7	专业技能	指任职者需要具备的相关专业能力及水平要求，如：中级商务谈判能力
8	通用技能	指任职者需要具备的基础能力素质要求，如：高级计算机及网络应用能力

第三节
选择招聘渠道

【基本流程】

招聘渠道，是组织招聘行为的辅助之一。企业在选择招聘渠道的时候，要综合考虑招聘成本、招聘时限要求以及招聘职位要求。

选择招聘渠道的基本流程如图1-11所示。

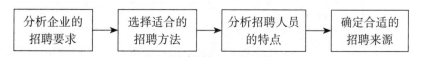

图 1-11　选择招聘渠道的基本流程

【内容解读】

内容一：内部招聘

随着外部招聘风险和招聘成本越来越大，现在很多企业已开始青睐内部招聘，尤其是那些身处经济欠发达地区，人才资源匮乏，知名度较低，招聘资金预算有限的企业更是如此。甚至有些著名的大公司也通过人才培养和储备的形式为高层次职位谋求合适人选。

1. 内部招聘的优点

内部招聘具有图1-12所示的优点。

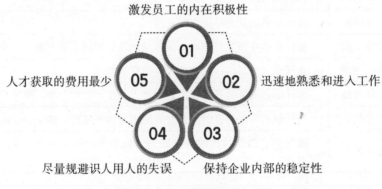

图 1-12　内部招聘的优点

2. 内部招聘的缺点

内部招聘具有图1-13所示的缺点。

- 容易形成企业内部人员的板块结构
- 可能引发企业高层领导的不团结
- 缺少思想碰撞的火花，影响企业的活力和竞争力
- 企业高速发展时，容易以次充优
- 营私舞弊的现象难以避免
- 会出现涟漪效应

图 1-13　内部招聘的缺点

3. 内部招聘的实施策略

一次达到"事半功倍"效果的内部招聘活动才能称之为一次成功的内部招聘。而具体到特性方面,内部招聘主要具备两大特征,其一是为企业的空缺职位谋求到合适、满意的人选;其二是通过本次内部招聘活动,能够有效地激励员工,提高员工工作士气。当然,要使内部招聘具备这两大特征也不是一蹴而就之事,还有待于做好图1-14所示的工作。

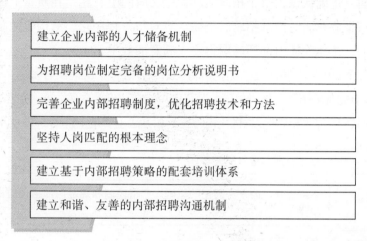

图 1-14 内部招聘的实施策略

(1)建立企业内部的人才储备机制。二十一世纪的竞争归根结底是人才的竞争,这已经是一个共识性的理念。面对人才的稀缺性和人才争夺的激烈性,企业如何才能有效防范人才流失危机,降低人力资源的风险呢?最好的方法就是建立人才储备机制,尤其是对那些热衷于内部招聘策略的企业来说,更是应建立完善的人才储备机制,其好处如图1-15所示。

图 1-15 建立人才储备机制的好处

建立人才储备机制具体到操作层面就是要求企业敢于从外部和内部招募、挑选具有较大发展潜力的员工,并搭建有益于这个群体发展的平台,如培训政策向这部分人员倾斜,给予具有激励作用的薪酬等。

（2）为招聘岗位制定完备的岗位分析说明书。岗位分析是进行招聘活动的方向性基石，也是保证招聘经济、有效的根基。离开了完备的岗位分析，整个招聘活动将会陷入一种极其混乱的状态。内部招聘也不例外。有些企业进行内部招聘时认为只要稍微简单的口头告知即可，无需再花时间和精力去制定一份完备的岗位分析说明书。然而事实是很多应聘者对招聘岗位的工作内容、工作职责、工作环境等却只知其一，不知其二，基本上对其是处于一种模糊性的认识中，有些认识甚至是错误的。缺乏对应聘岗位的全面、正确认识，整个招聘活动无论在时间上，还是在质量上都不可能取得成功。因此，企业在面对内部招聘时仍需认真对待，程序化、结构化地制定完备的岗位分析说明书，从而保证内部招聘取得令人满意的效果。

（3）完善企业内部招聘制度，优化招聘技术和方法。正所谓没有规矩，不成方圆。内部招聘若是没有完善的招聘制度做保障，其将有可能在"近亲繁殖"或"派系"争夺中陷入无序的发展模式中。完善招聘制度，优化招聘技术和方法主要是坚持图1-16所示的三个理念。

理念一	恪守原则和程序的理念
	坚持公开、公平、公正的原则，严格控制和规范内部招聘的每一步骤
理念二	坚持发展的理念
	坚持发展的理念就是指企业在进行内部招聘时应注重应聘者未来的潜能力的发展，而非停留在现有状况的层面上
理念三	一切为了企业发展的忠诚理念
	只有本着"一切为了企业发展的忠诚理念"，精细化地、负责地做好内部招聘的每一个细节性的工作，才能真正有助于企业谋求到岗位所需的合适人才，切实地解决企业的人才之需

图1-16　完善招聘制度，优化招聘技术和方法的理念

同时，也可以引进现代化的测评技术和测评方法来辅助于内部招聘活动，提高内部招聘的正确性、准确性。

（4）坚持人岗匹配的根本理念。坚持人岗匹配的理念既有利于企业充分利用自身的人力资源，为企业的有序、协调发展提供助推作用，也有利于员工个人的健康发展，调动员工的工作积极性。那怎样才能真正做到人岗匹配呢？其步骤如图1-17所示。

第一步	做好规范化的岗位分析工作，知晓该岗位是做什么的，录用者需具备怎样的能力和素养等，通过规范化的岗位分析为招聘岗位建立参照

第一步 做好人员考察和测评工作,通过对员工过去的工作信息和人才测评结果进行分析,了解员工具备的发展潜能以及可适应的发展方向和从业岗位

第三步 再将岗位分析与员工考察、测评结果进行比较,依据二者的相关性和匹配度做出一个科学的决策。总的说来,就是追求人与岗位相匹配,岗位与人相协调,岗位与人二合为一的高境界

图 1-17　做到人岗匹配的步骤

（5）建立基于内部招聘策略的配套培训体系。基于内部招聘的培训体系设计可以说是一些企业培训工作中"被遗忘的角落"。建立基于内部招聘策略的培训体系具有很重要的意义。尤其是其有利于缩短录用员工与新环境、新岗位的磨合期,降低管理风险的功能愈发使其显得重要。

一般来讲,基于内部招聘策略的培训主要可分为如图1-18所示的两种类型。

类型一：日常事务性知识的传授培训,其主要向录用者传授新岗位、新工作环境等相关基本知识和信息,如科室人员状况,上下级部门以及人员关系等

类型二：能力塑造和提升的培训。其主要是针对岗位需求对录用者进行能力培训,如销售部门人员的沟通能力的培训,管理岗位的管理技巧的培训,公关部门的公关能力的提升等

图 1-18　基于内部招聘策略的培训类型

从总体上说,建立配套的培训体系既有助于员工个体的健康发展,也有助于使基于内部招聘的培训向制度化、规范化、程序化的轨道发展,提高内部招聘的质量和效果。

（6）建立和谐、友善的内部招聘沟通机制。沟通一直是人力资源管理中的一个永恒的话题,离开了和谐、友善的沟通,人力资源管理将会失去其本来的意义和功能。沟通本身也是内部招聘的必要程序,不管招聘选拔结果如何,人力资源管理者都应该与参与员工进行沟通,阐述选聘结果。具体到内部招聘的沟通机制来讲,其具有两项重要的功能,如图1-19所示。

功能一：协调内部招聘可能引发的矛盾,如录用者与未录用者之间的矛盾,未录用者与企业的矛盾,录用者在新的岗位和组织融入中产生的矛盾,这都需要运用和谐、友善的沟通对这些矛盾进行调和,避免矛盾激化给企业的发展带来不利的影响

功能二：传递组织的人文关怀。通过实施和谐、友善的沟通有利于使员工感受到组织的温情,增强组织的归属感,从而提高员工对企业的忠诚度

图 1-19　内部招聘沟通机制的功能

对于内部招聘，企业重视方式的同时更应在理念上和技术上给予相当的重视。只有真正地做好了上述几方面的工作，使内部招聘在正确理念、正确机制、正确制度下操作和运行，才能有助于实现内部招聘所追求的"锦上添花，事半功倍"的境界。

内容二：网络招聘

网络招聘，也被称为电子招聘，是指运用技术手段，帮助企业人事经理完成招聘的过程。即企业通过公司自己的网站、第三方招聘网站等，使用简历数据库或搜索引擎等工具完成招聘过程。

1. 网络招聘的优势

网络招聘具有图 1-20 所示的优势。

图 1-20　网络招聘的优势

2. 网络招聘的缺点

网络招聘的缺点如图 1-21 所示。

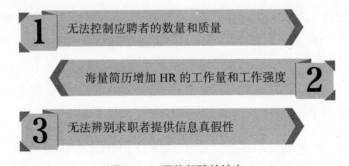

图 1-21　网络招聘的缺点

3. 招聘平台的选择

网络招聘细分渠道众多，选用哪些渠道呢？HR 在选择时，要着重"对"的，不选"贵"的。

（1）如果面向全国招募人才就选择全国性的综合招聘网站，如智联招聘、前程无忧、58同城等。

（2）假如只是区域内招聘，就选择地区性强的招聘网站，如地方论坛、地方性招聘网站等。

（3）如果需要招聘专业性人才，可以选择垂直招聘网站，如教师招聘网、约聘网、汽车人才网、司机招聘网等。

总之，在选择招聘平台时，HR要根据公司规模并结合公司对人才层次的要求进行选择。

2020年网络招聘行业市场规模

2020年，中国网络招聘市场规模为108亿，与2019年基本持平。这主要是受到2020年上半年新冠疫情的影响，部分企业缩减人才招聘需求，导致网络招聘平台的企业雇主数量下降。随着下半年经济的快速恢复，企业也恢复了相关人才需求，招聘平台配合相关部门与企业雇主开展招聘活动，拉动了市场规模的增长，因此全年收入持平。从上市企业营收占比来看，上市企业营收占50%，与非上市企业营收基本持平。现阶段，综合招聘平台前程无忧营收占比超过行业1/3，但随着招聘平台的差异化竞争与平台对企业雇主的争夺，未来行业集中度会略有下降，平台间可能会呈现多方平衡的态势。因此，招聘市场规模未来发展也呈现出较高的增长趋势。

网络招聘平台在互联网技术不断迭代与更新的基础上，一步步探索着人岗匹配的精准性与效率。但匹配度是否精准，效率是否有提高，平台只能利用技术手段解决岗位需求和简历的匹配度，尽可能精准。人岗匹配的关键在于企业雇主，他们需要设立明确的人才需求目标，平台才能据此匹配符合的求职者。招聘效率无法用定量的方式评估，只能在企业雇主需求明确的基础上，平台通过技术筛选相应求职者，尽可能实现匹配。

内容三：校园招聘

校园招聘是一种特殊的外部招聘途径，是指招聘组织（企业等）直接或通过其他各种方式从学校招聘各类各层次应届毕业生。

1. 校园招聘的优点

校园招聘的优点如图1-22所示。

01	针对性强
02	选择面大
03	选择层次是立体的
04	适宜进行战略性人才选择和储备部分优秀人才
05	校园招聘的人才比较单纯，像一块璞玉，可以雕琢成各种精美的玉器

图 1-22　校园招聘的优点

2. 校园招聘的缺点

校园招聘的缺点如图 1-23 所示。

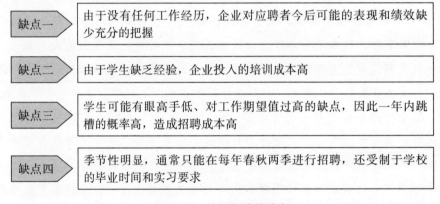

缺点一	由于没有任何工作经历，企业对应聘者今后可能的表现和绩效缺少充分的把握
缺点二	由于学生缺乏经验，企业投入的培训成本高
缺点三	学生可能有眼高手低、对工作期望值过高的缺点，因此一年内跳槽的概率高，造成招聘成本高
缺点四	季节性明显，通常只能在每年春秋两季进行招聘，还受制于学校的毕业时间和实习要求

图 1-23　校园招聘的缺点

3. 校园招聘的方式

（1）企业直接派出招聘人员到校园去公开招聘。

（2）由企业有针对性地邀请部分大学生在毕业前（大约前半年的时间）到企业实习，参与企业的部分工作，企业的部门主管直接进行考察，了解学生的能力、素质、实际操作能力等。

（3）由企业和学校联手培养人才。

4. 校园招聘的流程

（1）前期相关准备工作。

（2）发布招聘信息。

（3）准备面试题。

（4）与校方联系，确定校园招聘的时间和地点。

（5）在校园内提前进行企业招聘的宣传，尽量吸引优秀的毕业生到招聘现场。

（6）进行现场演示，介绍公司的历史、文化、发展前景、人力资源管理的概况，特别是员工薪资福利概况和培训发展概况。现在也可以通过网络在线直播或录播的方式进行宣讲。

（7）请应聘者递交简历，或填写求职申请表。

（8）对简历进行初步筛选，通知并组织面试。

（9）向学校相关部门和老师了解应聘学生的在校表现。

（10）初步决策。

内容四：现场招聘

现场招聘是一种企业和人才通过第三方提供的场地，进行直接面对面对话，现场完成招聘面试的一种方式。现场招聘一般包括招聘会及人才市场两种方式。

现场招聘会一般由各种政府及人才介绍机构发起和组织，较为正规，同时，大部分招聘会具有特定的主题，比如"应届毕业生专场""研究生学历人才专场"或"IT类人才专场"等，通过这种毕业时间，学历层次，知识结构等的区分，企业可以很方便地选择适合的专场设置招聘摊位进行招聘。对于这种招聘会，组织机构一般会先对入会应聘者进行资格审核，这种初步筛选，节省了企业大量的时间，方便企业对应聘者进行更加深入的考核。但是目标人群的细分方便了企业的同时，也带来一定的局限，如果企业需要同时招聘几种人才，那么就要参加几场不同的招聘会，这在另一方面也提高了企业的招聘成本。

随着互联网技术和求职者求职习惯的变化，现场招聘的比例呈现快速下降趋势，越来越多用人单位和求职者选择线上方式招聘求职。

内容五：委托猎头公司招聘

现在的企业在寻找高级人才的时候，都喜欢委托猎头公司来寻找，猎头公司可以为企业制定招聘计划和方案，让企业能更好更快地匹配到适合的人才及工作。

1. 与猎头进行面谈沟通

企业想要委托猎头招人，就永远不要期待通过线上交流就谈成一笔交易。如果没有面对面交流，双方都很难去深刻地了解彼此。为此，企业对面谈的次数也需要好好把握，通常情况下，电话沟通是不足以走到达成协议的地步的。企业与猎头至少要在见面的情况下进行沟通，才有条件判断此人是否值得与进行合作交易。所以，企业做好面谈沟通是第一步，只有见面后与猎头沟通，才能判断猎头是否靠谱。

2. 详细清楚地表达自己的需求

对于企业来说，想要委托猎头快速帮自己找到合适的人才，就必须先让对方彻底地理解自己的需求。

比如，需要告诉猎头职位需求，老板对人才的要求是什么，因为每个企业的职位不同，管理者的管理模式和想法也不同，对每个职位的要求自然都是不一样的。

所以，企业需要详细并清楚地向猎头公司表达自身的需求，这样猎头招人速度会更快。

3. 拟好猎头委托书

一笔业务的达成，最重要也是最关键的一步也就是签订交易关系协议书。我们所有的要求与需求，以及个人权益与义务都需要从这份委托书中体现。前面沟通过程中所表达的任何事项都是口说无凭的。因此，企业想要委托猎头招人，双方就都需要负责任地编辑好猎头委托书，在委托书上详细地注明企业自身应该享有的权益和猎头应该履行的义务。尤其要注意一些含糊不清的表达和一些具有双关语义的词语，尽可能地使委托书表达得简明和易理解、全面。

第四节
发布招聘广告

【基本流程】

宣传是推广的必要手段，而今，人才市场竞争越来越激烈，企业想要招到真正适合的人才，既要保证吸引人才关注企业，又要能够充分展示企业优势，在与竞争对手的招聘竞争中取得优势。发布招聘广告，就成了HR必须掌握的技能。

发布招聘广告的基本流程如图1-24所示。

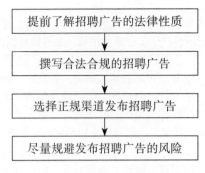

图 1-24　发布招聘广告的基本流程

【内容解读】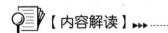

内容一：招聘广告的法律性质

　　用人单位发布的招聘广告，其性质如何，似乎存有争议。有人认为其为要约，而有人认为其为要约邀请。要约是指期望他人与自己订立合同的意思表示，而要约邀请则是期望他人向自己发出要约的意思表示。两者的区别在于图1-25所示的四个方面。

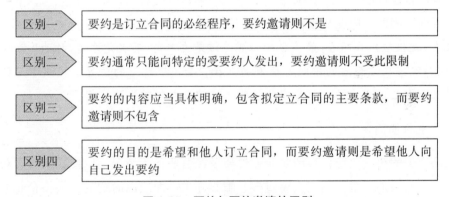

图 1-25　要约与要约邀请的区别

　　总而言之，要约与要约邀请之间最大的区别在于，要约人与要约邀请人的法律地位是不同的。招聘广告的法律性质应为要约邀请而非要约，即用人单位发出招聘广告后并不具有受约束的地位，而是通过招聘广告吸引应聘者前来应聘，用人单位则享有是否与应聘者建立劳动关系以及与谁建立劳动关系的权利。但是，用人单位应该对招聘广告中的承诺予以慎重。其原因如图1-26所示。

1. 招聘广告的内容如果明确,从形式上符合要约的要求,并且应聘者对于要约邀请的内容产生了合理的信赖,也可能被认为具有法律约束力

2. 诚信原则是订立劳动合同的基本原则,如果善意的应聘者对于招聘广告中的内容产生了合理的信赖并因此递交简历、求职申请,甚至自费长途奔波参与面试等支出一定的费用,而用人单位却因过失甚至恶意的行为导致应聘者损失,则应该承担相应的赔偿责任

3. 在劳动合同的协商订立阶段,双方当事人都应该遵守诚信原则,如果用人单位违背诚信原则进行虚假的陈述则有可能构成欺诈,应承担相应的法律责任

图 1-26　用人单位招聘广告中承诺应慎重的原因

内容二:招聘广告的内容组成

一般来讲,招聘广告主要由写给求职者看的,主要由公司名称、企业简介、岗位名称、招聘名额、职位描述、职位要求、联系方式等内容组成。

1. 在显眼位置标明企业标志和广告性质

招聘广告设计的最基本要求是让阅读者一眼就可以看出这是什么广告,不会与其他广告混同。因此,应在显眼位置注明广告的性质。

比如,就报纸广告而言,最显眼的位置应该是左上角,其次是左边,称为"金角""银边",这与汉字从左至右的排版习惯有关,在"金角银边"的位置,应该印上招聘单位的名称和企业标志,并以大号字体注明"诚聘"或"聘"的字样。

2. 企业性质简介

招聘广告的第一段应该写清楚企业性质及经营业务等情况,以便让应聘者对招聘企业有一个初步的了解。不应文字过多、喧宾夺主,而应以简约的语言将企业最吸引应聘者的信息表达出来。

比如,有一家企业在简要介绍完自己企业的情况后,加上这么一段话:"在本公司,你不必有以下顾虑:论资排辈;唯学历论;发展空间狭窄;嫉贤妒能;分配封顶;缺乏培训机会。"这就是一个颇为成功的设计。

3. 主要职责和任职要求

招聘广告要发布的最重要的信息之一是有关空缺职位的"主要职责"和"任职要求"的信息。"主要职责"告诉应聘者这个职位要做什么,"任职要求"告诉应聘者应

聘该职位要具备什么条件。当然，这里不需要将该职位的"工作说明书"中的相关条款全部照搬下来，但至少要参考其中的主要条款并以简要的语言注明。

4. 申请资料要求和联系方式

招聘广告的最后部分，要向读者说明投寄申请资料的要求和联系方式。如"有意者请于某月某日前将详细的学习和工作简历、有关学历证书和身份证复印件、免冠近照、要求薪金、联络地址和电话寄至……"。

可以要求应聘者提出薪金要求，这是有关应聘者的重要信息。招聘企业提供的联系方式可以有三种：通信地址、电子邮件和传真。对于招聘工作量大的企业，可以不提供电话，以免增加人力资源部的人力成本。

除此之外，在招聘广告的内容设计中，关于是否还需要添加其他项目，如企业文化情况、食宿条件、培训情况等，可视招聘企业的具体情况和广告篇幅而定。但要注意根据具体情况突出重点，避免面面俱到。设计出一则成功的招聘广告，既能体现企业对人才的尊重和渴求，又能表现出企业在管理上的细致、高效。

内容三：招聘广告的写作技巧

1. 撰写广告标题的技巧

一个好的标题应该是具备图 1-27 所示的四大功能。

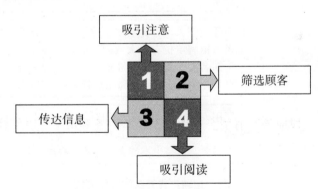

图 1-27　好的标题应有的功能

不过这四个功能都显示出一个问题，就是要与候选人匹配度高，对于候选人来说，这个招聘广告要看起来"与我有关"。因为人总是关注自己想关注的内容。对自己没有任何直接利益和生存关系的事情，都会略过。

候选人身上都会带着一切能够定义他们是谁、他们来自哪里、他们的个性是什么的标签。当企业把招聘广告中包含这些用户所具备的标签呈现出来，目标人群看到的时候，就更容易去关注。

因此，招聘标题首先一定要简洁醒目，才能吸引人。其次，标题需要个性化，通过标题去勾起用户的好奇心。

比如：

（1）90后的舞台。

（2）您知道我在等你吗？

（3）没有年终奖？没有假期？我们公司都有！

（4）找工作＝找对象，只找自己想要的！

（5）高薪不是问题，问题是你敢来吗？

（6）选择××，选择美好人生！

（7）急缺销售人员，之前的都当老板去了！

（8）听不懂他们在讲什么？我们会有各种培训，让你无所不知！

（9）世界"辣么大"，来××公司赚够了就能尽情浪！

2. 招聘开头的技巧

招聘广告的开头主要叙述招聘原因，引出招聘广告正文的出现。常见的有图1-28所示的三种开头方式。

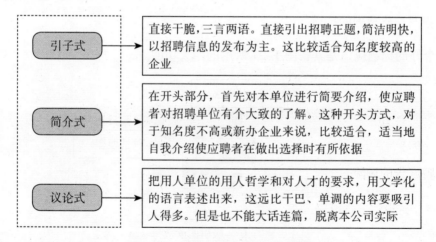

图1-28 招聘广告开头的写作方式

内容四：招聘广告的发布渠道

招聘广告的发布渠道有很多，下面主要介绍几种常见的渠道。

1. 在线下张贴

企业在以下地点张贴招聘广告能达到好的宣传效果。

（1）公司的门口或者公司大厅进门的位置。

（2）招聘会的现场。

（3）如果招聘面向学生，可以贴到高校校园里的宣传栏、广告栏。

（4）公司所在城市的繁华地段的广告栏等。

2. 在互联网上发布

在互联网上发布招聘广告，省事省力效果也不错。具体操作方法视不同的招聘平台而不同。

3. 在社交软件上发布

随着社交软件的应用越来越广泛，许多HR会倾向于在微信朋友圈、抖音里发布招聘信息。相比起网站、报纸等传统渠道，朋友圈、抖音招聘时效性高，互动性强，而且更加精准，容易推广，因此受到了HR的一致青睐。

4. 在报纸上发布

报纸发行量大，能够迅速将信息传达给读者，同时广告的大小可以灵活选择。但它的阅读对象较杂，很多读者并不是所要寻找的职位候选人，保留的时间也较短。一般情况下，报纸招聘广告比较适合在某个特定地区招聘，适用于候选人数量较大的职位，适用于流失率较高的行业或职业。

内容五：招聘广告的风险规避

招聘广告是企业招录人才的一种重要的宣传方式，但撰写与发布不规范的招聘广告，不仅会影响企业的声誉，更会带来一定的法律风险。因此，HR要掌握如何规避发布招聘广告的风险。

1. 发布的信息应该真实

《就业服务与就业管理规定》第十四条和第六十七条明确规定，用人单位招用人员不得提供虚假招聘信息，发布虚假招聘广告；用人单位违反该规定的由劳动保障行政部门责令改正，并可处以1000元以下的罚款；对当事人造成损害的，应当承担赔偿责任。

《人才市场管理规定》第二十三条规定："用人单位公开招聘人才，应当出具有关部门批准其设立的文件或营业执照（副本），并如实公布拟聘用人员的数量、岗位和条件。"

由此可见，用人单位应本着诚实信用原则，避免构成欺诈。如果被认定为欺诈，则签订的劳动合同会被认定为无效或部分无效，劳动者可随时提出与用人单位解除劳动合同，用人单位还需支付经济补偿金，对劳动者造成损失的，还应当承担赔偿责任，且用人单位还可能被劳动保障行政部门罚款。

2. 内容应该契合招聘岗位的需求

《就业服务与就业管理规定》第十一条第二款明确规定："招用人员简章应当包括用人单位基本情况、招用人数、工作内容、招录条件、劳动报酬、福利待遇、社会保险等内容，以及法律、法规规定的其他内容。"

此外，招聘广告中还应包括报名的方式、时间、地点等信息，但这些信息等并不具有法律上的意义，仅仅起到事实的通知作用。

尽管招聘广告是要约邀请，原则上对用人单位并不具有拘束力，但是招聘广告中的岗位信息以及应聘人员的基本条件等则是可能产生法律效力的。岗位信息实际上是确定人员招聘的前提条件，而且应聘者通常会针对招聘广告所公示的某个具体岗位提出求职申请。因此，当用人单位经过面试甄选确定录用人员时，其岗位的确定原则上应该符合招聘广告的要求。

对应聘人员基本条件的要求，对于用人单位考核录用人员具有重要的意义。因为《中华人民共和国劳动合同法》（以下简称《劳动合同法》）第三十九条规定，在试用期间被证明不符合录用条件的，用人单位可以解除劳动合同。但最高法院的司法解释说，如果辞退职工，应由用人单位一方举证证明员工不符合录用条件。而何谓录用条件，尽管存在争议，但是用人单位的招录条件通常被视为录用条件的重要内容。因此，用人单位应该尽量明确录用条件。

3. 应细化岗位职责

关于招聘广告中岗位职责的细化问题，不仅关系到用人单位招什么样的员工、具体工作职责等，还是日后考核、解除劳动合同的重要依据。《中华人民共和国劳动法》（以下简称《劳动法》）第二十六条和《劳动合同法》第三十九条都规定，劳动者不能胜任工作是用人单位解除劳动合同的法定依据，因此在招聘广告中清晰表述岗位职责的要求，可以减少日后解除劳动合同的争议，降低用人单位人力资源管理工作的风险。

4. 应避免就业歧视

就业歧视是指没有法律上的合法目的和原因而基于种族、肤色、宗教、政治见解、民族、社会出身、性别、户籍、残障或身体健康状况、年龄、身高、语言等原因，采取区别对待、排斥或者给予优惠等任何违反平等权的措施侵害劳动者劳动权利的行为。

招聘广告应避免就业歧视，具体要求如图1-29所示。

图1-29　招聘广告避免就业歧视的要求

（1）合理确定招聘条件。就业歧视是对劳动者平等权的侵害，如果企业想避免其招聘广告所确定的条件构成就业歧视，就应该承担证明其招聘条件具有正当性和合理性的责任。因此，岗位特点、就业需求是确定招聘条件的重要因素。

（2）招聘条件表述要缓和。招聘广告中对于招聘条件的表述尽量缓和，避免采用非此即彼，多使用"优先""择优"等字眼，少用"用于""不用"等表述。

比如，可将"只限硕士学位"改为"同等条件硕士优先"，避免刚性表述，体现出企事业单位的招聘是基于对应聘者进行评估和考核之后的合理选择，而非基于某一个刚性标准。

（3）不确定的内容要慎重表述。对于招聘广告中的部分内容，用人单位如果无法确定是否可能涉及就业歧视时，应该慎重表述或者不表达。

总之，用人单位招聘广告中的内容应该语言精练、表达准确，而并非越多越好。尤其是部分内容存在模糊的情形，用人单位更应该慎重，应该选择更为柔和的语言或其他更为恰当的方式表述。

案例赏析

酒楼因招聘广告"只招男性"被起诉

【案例背景】

肖××于2020年2月6日取得中式烹调师三级/高级技能职业资格证书，2020年6月28日在"58同城"网站上看到某食品公司发布招聘厨房学徒的广告，且该广告中并无明确性别要求，于是肖××于2020年6月29日前往该酒楼应聘，填写了入职申请表，但该酒楼以厨房学徒一职已经招满为由没有安排肖××面试。后来，肖××于2020年7月在同一网站上再次看到该食品公司发布同一

岗位的招聘广告，招聘广告在招聘条件上载明"招收18~25岁男性厨房学徒"。肖××遂以酒楼、食品公司侵犯其就业平等权为由起诉到法院，法院一审判令食品公司与酒楼赔偿肖××精神损害抚慰金2000元，诉讼费24元。肖××与食品公司、酒楼都不服一审判决，提出上诉。二审法院驳回上诉维持原判。

【案例分析】

肖××于2020年6月29日前往应聘厨房学徒一职，但酒楼方未安排肖××面试，并主张因当时厨房学徒已经招满，但酒楼在肖××应聘之后不足一月又继续在同一网站发布同一职位的招聘广告，并在招聘广告中的应聘条件中明确要求"男性"。可见，食品公司、酒楼无论在发布招聘广告中抑或是实际招聘过程中，是直接以肖××的性别为由拒绝肖××应聘，拒绝给予肖××平等的面试机会，已经构成了对女性应聘者的区别对待及排斥，侵犯了肖××的平等就业的权利。

【案例点评】

就业歧视是指没有法律上的合法目的和原因而基于种族、肤色、宗教、政治见解、民族、社会出身、性别、户籍、残障或身体健康状况、年龄、身高、语言等原因，采取区别对待、排斥或者给予优惠等任何违反平等权的措施侵害劳动者劳动权利的行为。本案中，该酒楼未有合法原因仅因肖××为女性而拒绝其就业，属于违法行为。

第五节 筛选求职简历

【基本流程】

对于应聘者简历筛选的目的在于快速判断准合适人选，缩短招聘时间，减少招聘环节，降低招聘成本，提高招聘效率。

筛选求职简历的基本流程如图1-30所示。

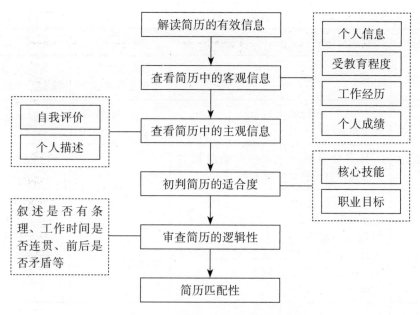

图 1-30 筛选求职简历的基本流程

【内容解读】

内容一：简历筛选的标准

如果筛选简历没有标准，那就是靠 HR 的个人经验判断，这样可能会存在主观因素的影响，并给评估简历留下一些漏洞。因此，在做简历筛选之前，HR 必须要了解，要评估一位候选人是否值得被邀约过来面试，其中筛选的标准有哪些。

常见的做法是将简历筛选的标准分为表 1-13 所示的四种类型。

表 1-13 简历筛选的标准

评估项目	加分标准	通过标准	待定标准	排除标准
简历格式	内容翔实，逻辑通顺，重点突出，自我评价具体，职责和贡献描述完整	内容翔实，条理清晰	简历描述太过简单，需要更新	逻辑混乱，语言不通，错别字满篇
求职意向	有明确的求职意向，工资期望符合公司要求	有明确的求职意向	有明确的求职意向，工资期望超过公司规定的范围很多	没有明确的求职意向，工资期望超过公司规定的范围很多

续表

评估项目	加分标准	通过标准	待定标准	排除标准
工作经验	符合职位要求	符合职位要求	经验偏少但产品相关可培养	与岗位要求差别较大
行业背景	2年以上同行业连续背景	2年同行业背景	1年同行业背景	无相关行业背景
产品/项目背景	具有竞争对手产品及项目经验	产品经验相关度60%		无相关产品经验
工作连续性、稳定性	工作经历完整,无空档期,工作稳定性高,能在一家公司工作3年以上,基本不怎么跳槽	工作经历完整,无空档期,能在一家公司工作2年以上	有空档期,但是解释合理,稳定性还可以	频繁跳槽,单位平均司龄小于1年
教育背景	全日制本科及以上	全日制大专院校及非全日制本科		中专、高中院校
专业	完全符合职位要求	从属大类符合要求	不符合要求,但综合素质优异	完全不相关专业
技能描述	80%以上符合职位要求	60%符合职位要求		与职位要求不相关

（1）符合加分标准，说明这份简历是一份非常优秀的简历，这个首选人是值得重点关注和邀约的。

（2）符合通过标准，说明这份简历是一份合格的简历，符合岗位的各方面要求，也可以被邀约过来面试。

（3）符合待定标准，说明这份简历体现出来的内容存在很多的瑕疵，在候选人充足的情况下，一般不考虑这样的简历，如果候选人不足，那可以约过来面试一下。

（4）符合排除标准，说明这份简历完全不符合岗位要求，可以把这份简历放进排除库。

内容二：有效解读应聘者的简历

简历是企业或HR第一次了解应聘者的方式，而筛选简历也是对应聘者的第一次过滤。HR如何从简历中获得有效信息，一方面要辨别简历中的虚假信息，另一方面要在接下来的面试中对重点内容进行确认。要使面试更有针对性，主要依赖于对应聘者简历的解读。

一般来说，应聘者简历主要分成图 1-31 所示的几个部分。

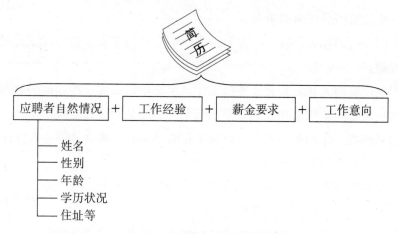

图 1-31　应聘者简历的组成

1. 年龄

和应聘的岗位所要求的经验相比，年龄是一个重要的参照。可以把应聘者的年龄与其工作经验进行比较，就可以看出应聘者所列出的经验的真伪。一般来说，应聘者不会虚报年龄，而会在经验上造假。

如果应聘者年龄较大，那就需要在更换工作的原因上进行分析。还要考虑年龄较大的应聘者是否还可能踏实地从基层做起。

2. 学历

"真的假文凭"和"假的真文凭"是学历上的大问题，同时一些海外学历也日益增加，因此 HR 有必要通过各种渠道查询学历的真伪。

有的应聘者还有第一学历和后学历之分，对于后学历，要看应聘者是何时开始、何时获得的，这可以看出应聘者的学习能力和接受挑战的心态。

和学历相关的是专业，一般岗位说明书中都对专业做了规定。如果应聘者具有多个学历，那么对其不同学习阶段专业的分析可以得出其在知识的系统性和广度方面的基本判断，还可以从不同专业的相关性中获得其个人规划的能力。

3. 住址

如果应聘者是跨城市应聘的，尤其是针对一些年龄较大的应聘者，要考察他们的动机是什么，因为他们将面临非常现实的一些问题，比如生活成本增加、生活环境变化等，这些都将影响其进入企业后的工作状态。

4. 工作经验

工作经验是简历分析中的重点。

（1）工作变换的频繁程度。一方面说明应聘者经历丰富，但也可能说明应聘者工作稳定性较差。

（2）当发现应聘者非常频繁地变换工作，那么他们每次工作轮换的原因是需要分析的。当然频繁变换工作也并非绝对存在问题，关键是为什么变换工作。

（3）如果每项工作相关性不大，而且工作时间不长，那么就需要高度注意了。

（4）工作是否有间断，间断期间在做什么。

（5）目前是否在工作，这关系到应聘者劳动关系的问题，也关系到应聘者何时能到职，当然为什么离职也是很重要的。

（6）要对应聘者整个工作经历轨迹进行把握，应聘者是否比较深入系统地从事过某一项工作。

（7）要对应聘者每个阶段所负责的主要工作内容和业绩进行审查。

（8）应聘者的经验与岗位要求是否匹配，如果之前已经达到一个相对较高的职位，现在来应聘个较低的职位，动机是什么？

> **小提示**
>
> 读透应聘简历，最主要的原则就是对各项内容进行交叉分析，这样就能获得应聘者更完整和全面的信息，发现其中的亮点和疑点。对于亮点和疑点，都不是最终判断，还必须通过进一步的甄选进行确认。

内容三：对客观信息的筛选

收到应聘简历后，HR首先会结合招聘职位查看客观信息，主要包括图1-32所示的四个方面。

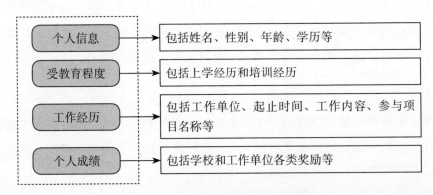

图1-32 结合招聘职位查看的客观信息

1. 个人信息的筛选

（1）在筛选对硬性指标（性别、年龄、工作经验、学历）要求较严格的职位时，如其中一项不符合职位要求，则要快速筛选掉。

（2）在筛选对硬性指标要求不严格的职位时，结合招聘职位要求，也可以参照表1-14所示的"人在不同的年龄阶段有着不同的特定需求"进行筛选。

表1-14 人在不同的年龄阶段有着不同的特定需求

序号	年龄阶段	特定需求
1	25岁以前	寻求一份好工作
2	26～30岁	个人定位与发展
3	31～35岁	高收入工作（工资、福利、隐性收入）
4	36～40岁	寻求独立发展的机会、创业
5	41岁以上	一份稳定的工作

2. 受教育程度的筛选

（1）在查看求职者上学经历时，要特别注意求职者是否用了一些含糊的字眼，比如有无注明大学教育的起止时间和类别等。

（2）在查看求职者培训经历时要重点关注专业培训、各种考证培训的情况，主要查看专业（工作专业）与培训的内容是否对口，此项内容可作为参考，不作为简历筛选的主要标准。

> **小提示**
>
> 对于技术性较强的职位，是否科班出身、是否具备必要的专业资质和法定的资格证书极为重要。

3. 工作经历的筛选

求职者工作经历是查看的重点，也是评价求职者基本能力的视点，应从以下内容做出分析与筛选。

（1）工作时间。

① 主要查看求职者总工作时间的长短、跳槽或转岗频率、每项工作的具体时间长短、工作时间衔接等。如在总的工作时间内求职者跳槽或转岗频繁，则其每项工作的具体时间就不太会长，这时应根据职位要求分析其任职的稳定性。如可判定不适合

职位要求的，直接筛选掉。

② 查看求职者工作时间的衔接性，作为筛选参考。如求职者在工作时间衔接上有较长空当时，应做好记录，并在安排面试时提醒面试考官多关注求职者空当时间的情况。

（2）工作职位。不仅仅要看应聘者做了哪些事，还要特别关注他在其中担任的角色是什么，承担的责任有哪些。"主持"项目和"参与"项目的责任不同，获得经验也不同。

对角色和职责的判断有两个关键词，如图1-33所示。

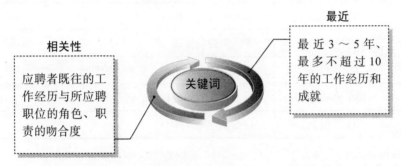

图1-33 判断既往角色和职责的两个关键词

（3）工作背景。关注应聘者既往公司的规模、性质、知名度、行业排名，有助于判断该应聘者的工作经验、专业能力和文化适应性等。

比如，一个在外企工作多年的应聘者转到民营企业，可能存在"水土不服"问题；在日企、韩企、台企工作多年的应聘者工作风格多偏于严格、服从、执行；在民企出来的应聘者抗压能力和实操能力明显强于其他，但可能缺乏高度和深度；而外企工作多年的候选人专业度、职业精神更出色。

（4）工作内容。

① 主要查看求职者所学专业与工作的对口程度，如专业不对口，则须查看其在职时间的长短。

② 结合上述工作时间原则，查看求职者工作在专业上的深度和广度。如求职者短期内工作内容涉及较深，则要考虑简历是否有虚假成分的存在。在安排面试时应提醒面试考官作为重点来考察，特别是细节方面的了解。

（5）工作成就。

主要是考察应聘者既往的工作经验和成就是否与所应聘的职位有重叠，是否是企业需要的。重叠较多时，意味着这位应聘者能够迅速进入角色，得心应手地投入工作，较快地满足职位描述的要求。

> **小提示**
>
> 结合以上内容，分析求职者所述工作经历是否属实、有无虚假信息，分析求职者年龄与工作经历的比例。如可断定不符合实际情况的，直接筛选掉。

4. 个人成绩的筛选

主要查看求职者所述个人成绩是否适度，是否与职位要求相符，可作为参考，不作为简历筛选的主要标准。

从简历判断应聘者是否具有实操的方法

1. 看细节

如果叙述比较细节，说明应聘者实战过的可能性较大。如果只是泛泛而谈则不然。

2. 看用词

使用的是专业词汇，特别是业内的俗称而非学术用词，说明应聘者真的熟悉。

3. 看难点

在简历中能够写出项目实施难点或问题的是有实操的应聘者，因为成果是公开的，而问题和难点只有真正参与的人才知晓。

4. 看方法

简历中介绍的实现成果的方法独特，参与实操的可能性大。反之，可能来自书本。

内容四：对主观信息的筛选

主观描述主要包括求职者对自己的评价性与描述性内容，如自我评价、个人描述等。

HR 主要查看求职者自我评价或描述是否适度，是否属实，并找出这些描述与工作经历描述中相矛盾或不符、不相称的地方。如可判定求职者所述主观内容不属实、且有较多不符之处，这时可直接筛选掉。

内容五：初判简历的适合度

经过以上几个步骤后，HR 就可以初步判定求职者与应聘职位的适合度。如可判定求职者与应聘职位不合适时，将此简历直接筛选掉。

1. 从核心技能方面来判断

HR 在快速浏览候选人简历的时候，需要对简历中所呈现出的技能、工作经验等进行初步判定，判断候选人的基本条件是否与招聘岗位具有较高的匹配度。在这一环节，HR 要尤其关注候选人的条件是否满足招聘岗位的核心要求。

2. 从职业目标方面来判断

HR 还要注意一下候选人的工作经历，看一下他的发展状态，初步评估候选人的中长期规划是否与公司发展目标一致，以及公司为员工提供的发展通道能否满足他个人的发展要求。这一点尤为重要，毕竟许多员工离职是因为没有发展空间。

内容六：对简历逻辑性的审查

这一步主要是审查求职者的工作经历和个人成绩，要特别注意描述是否有条理、是否符合逻辑性、工作时间是否连贯、是否能反映一个人的水平、是否有矛盾的地方并找出相关问题。

比如，一份简历在描述自己的工作经历时，列举了一些名企和一些高级职位，而他所应聘的却是一个普通职位，这就需引起注意。

HR 如能判定简历中存在虚假成分，可以直接筛选掉；如可判定求职者简历完全不符合逻辑性，也可直接筛选掉。

内容七：进行简历匹配

简历的匹配是整个简历筛选的核心。简历筛选全过程的目的只有一个：发现和所招聘职位要求相匹配的合格简历，进入下一阶段的面试。因此，简历如何匹配显得尤为重要。

1. 直接匹配法

直接匹配法又称简单匹配法，是最常用、最简单的一种简历匹配方法。它对职位需求中的关键要素与应聘者工作经历和经验进行简单对比和匹配，能够完全对应匹配的，被认为是"合适"的应聘者。

直接匹配法的一个核心是确定所招聘职位的关键要素。关键要素的确定取决于该职位的岗位需求和公司对应聘者在该职位实现功能和成就的期望。不同的企业、不同的职位的关键要素并不完全相同。即使同一企业，不同的职位的关键要素也不相同。关键要素通常包括图1-34所示的内容。

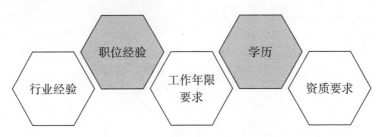

图1-34　直接匹配法的关键要素

2.模糊匹配法

在招聘实践中，通常能够直接匹配的简历并不多见，更多遇到的是应聘者的经历中有些关键要素符合职位描述的部分要求。

模糊匹配法是通过分析关键要素的匹配量、匹配程度，以及应聘者具备的可转移技能进行判断。绝大部分关键要素匹配，而且匹配度较高，一些次要要素不匹配，或者部分不匹配的关键要素可以通过应聘者的"可转移技能"弥补，则模糊匹配成功。

第二章
精心面试

章前概述

实践中，企业用人仅依据应聘者简历就决定聘用的事情不多。即使从应聘者的出身、志向及履历等情况来看，其条件都是无可挑剔的，也必须对应聘者进行面试，这是招聘的大原则。

思维导图

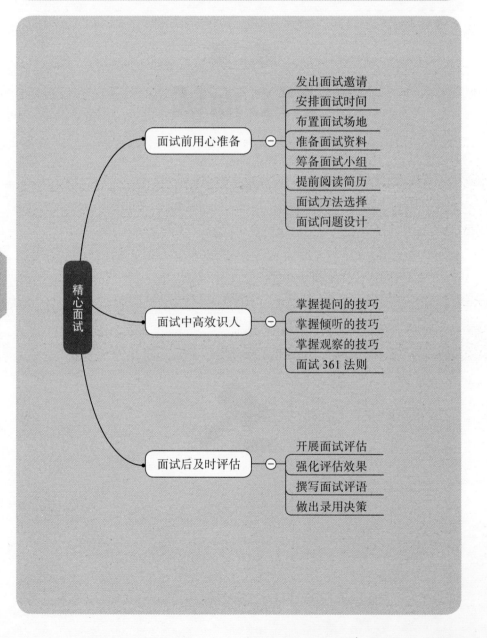

第一节 面试前用心准备

【基本流程】

实践中，HR 未能进行有效的面试前准备，导致面试评估欠缺针对性和可靠性，无法有效招聘到合适人选的事情也确实存在。因此，HR 应有计划地进行面试前的准备工作，以有效开展面试活动，提升面试的针对性和有效性，增加甄选的准确度。

面试准备流程如图 2-1 所示。

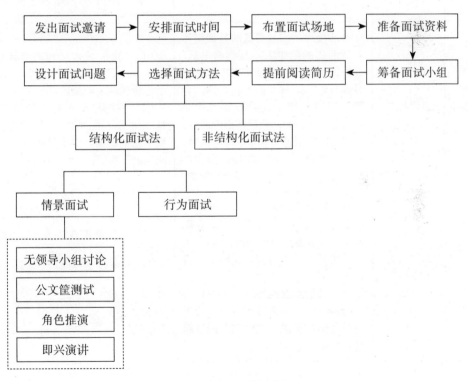

图 2-1 面试准备流程

【内容解读】

内容一：发出面试邀请

邀约话术是 HR 需要掌握的基本技能，能否成功地将候选人邀请到单位面试，也需要一定的技巧。邀约可以分为电话邀约、邮件邀约、短信邀约、求职平台邀约、微信邀约等多种方式。不管哪种方式，话术都是最重要的。

1. 电话邀约的流程

一般来讲，电话邀约的流程如表 2-1 所示。

表 2-1 电话邀约的流程

序号	流程	具体说明	话术举例
1	确定信息	按照简历上的电话，打过去，先确定是否本人接听	"喂，您好，请问是×××吗？"
2	表明身份	电话接通后，最要紧的是如何让电话那边的陌生人不挂你的电话，听你说下去。这就要求 HR 在确认对方身份后，就开始自我介绍。自我介绍的作用是让对方知道你是谁，是干什么的。然后还得说清楚，获取简历的渠道是哪里。打电话时，普通话要标准，咬字清晰，声音洪亮，态度亲切，如有可能保持微笑	（1）"我是××公司的招聘专员×××，我司在×××平台收到了您投递的求职简历。" （2）"我是××公司的招聘专员×××，我司在××平台上看到了您的简历，需求是找一份××岗位的工作。"
3	询问是否方便接听电话	双方互表身份后，就可以问清楚是否有时间沟通了。对于很多在职人员，不方便接听电话很正常，HR 要抓住时机另约时间，比如中午或者下班后，自己先抛出去一个，稳住对方，如果这时候对方能够给出确切的时间，那么说明有往下谈下去的意愿，承诺面试时间，持续跟进，离成功更近一步	（1）"请问现在方便和您通话吗？" （2）"您现在有时间沟通一下吗？" （3）"听您那边的声音像是在室外，方便沟通吗？"
4	简要介绍公司	在确认好沟通对象之后，HR 就需要简要介绍公司和岗位内容了。此时应语气柔和而坚定，柔和是为了融洽关系，消除陌生；坚定是体现招聘人员的专业性和可信度	"我们公司是……，招聘的岗位是××岗，针对岗位提出的要求是……"

续表

序号	流程	具体说明	话术举例
5	寻找需求	在介绍过程中要留意候选人的反应,将内容和候选人熟知的、有感触的因素衔接起来。因为推介的目的,了解岗位内容是基础,产生兴趣和决定面试才是根本。一方面通过对方提问,挖掘对方的需求点,结合自己可满足的切合点,提升对方的面议意愿度。另一方面通过主动发问,在邀约过程中多收集一些信息,可以更利于我们找到自己的卖点,便于我们迎合对方的需求。	"是呢,我们公司的该岗位工作内容跟您简历中标明的上个公司的工作内容是相似的,可能在某个方面更注重一些,所以要求会有所提高,我相信有经验的您可以挑战一下呢。"
6	确认时间	在确认候选人已经了解了企业和岗位,并有兴趣和公司发生"亲密接触"时,也就顺势进入直接邀约阶段	(1)"那咱们的面试时间约在明天下午两点可以吗?" (2)"请问明天下午两点有时间吗?我们约那个时间过来面对面地沟通吧!"
7	确定相关事项	在邀约的时候,要简要明确、确定时间和地址,告诉候选人相关事项。确定完面试事项后,辅助以邮件或短信告知面试的地点、时间、注意事项等,则效果更佳	"我待会也会发书面的邀约到您短信和邮件上,麻烦查收哦,如果期间有任何问题,可以直接联系我。"

2. 发放面试邀请函

一封正规、清晰的面试邀请函,能够向对方传达一个正规严谨的企业形象,是人力资源工作者对企业的一次专业度包装。

面试邀请函要做到信息准确、条理清晰。一般来讲包含图 2-2 所示的信息。

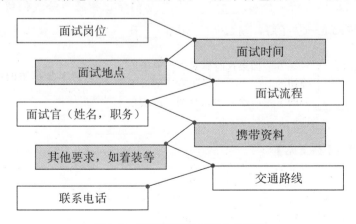

图 2-2 面试邀请函应包含的信息

下面提供两份面试通知的范本,仅供参考。

> 范本

面试通知（初试）

_____ 先生/女士：

您好！我们是_____公司_____部，首先感谢您答应我们的邀请前来面试，我们初步认为您具备的素质与我们的招聘需求相吻合，邀请参加面试。

面试时间：20___年___月___日_____点_____分(如有变更,请提前沟通)

面试地址（即公司地址）：_____

乘车路线：【公交站】_____【地铁站】_____

联系人：_____

座机：_____

手机：_____

邮箱：_____

> 范本

面试通知（复试）

_____ 先生/女士：

您好！欢迎您应聘本公司_____职位，您的学识、经历给我们留下了良好的印象。为了彼此进一步了解，请您____月____日____点前来本公司参加复试。

请携带如下资料：_____。

如您时间上不方便，请事先以电话与____先生(女士)联系，电话：___-_____

面试地址（即公司地址）：_____

乘车路线：【公交站】_____【地铁站】_____

联系人：_____

座机：_____

手机：_____

3. 后续跟进

对于一些面试意愿度不够，但是岗位匹配度又比较高的人员，征求同意添加微信，可进行持续跟进，挖掘需求，提升其面试的意愿度。

已达成到面意愿的面试者，按照时间节点再次确认。比如面试前一天，再次与对方确认到面事宜，如有变动，可另行约定时间。

内容二：安排面试时间

面试时间最好安排在双方不受干扰的时间内，并在相对集中的时间内连续进行，一次完成。

比如，上午9点到11点，下午2点到4点，这两个时间段都比较合适，招聘者可以在其空余的工作时间处理其他的一些工作，应聘者根据距离远近选择上午或下午，可在路上有充裕的时间，面试时候的状态也相对好一些。

内容三：布置面试场地

（1）面试场地应选择安静不会被干扰、相对独立的空间。有些面试官喜欢选择自己的办公室作为面试的场所，但难免遇到意外的电话、工作方面的干扰等。因此，一些小型的会议室也可以作为面试的场所。

（2）面试的环境应该舒适、适宜，利于营造宽松气氛。

> **小提示**
>
> 握手、微笑、简单的寒暄、轻松幽默的开场白、舒适的座位、适宜的照射光线和温度，以及没有令人心烦意乱的噪声，这些都有利于营造舒适、宽松的气氛。

相关链接

常见面试座位安排

面试官和求职者在面试中的座位安排代表着不同的面试风格，会形成不同的面试"气场"，影响着双方的现场发挥，导致不同的面试结果。

1. 面试官和求职者面对面坐在桌子的两侧

这是最常见的面试座位安排，如图所示。

面试官和求职者面对面坐在桌子的两侧

这种座位安排的优点是可以很方便地实行面试官和求职者多对一的面试格局,双方可以全方位地捕捉对方的面部表情和肢体语言变化;缺点是面试官处于强势地位,求职者处于较低位置,感觉比较压抑。尤其是在一些领导的独立办公室,作为领导的面试官坐在办公桌后边的老板椅里居高临下,对面是坐在位置较低的椅子上的求职者,这种因位置不同而产生的压抑和不平等的感觉可能更强烈。

一般来说,这种座位安排比较适合面试管理、销售、客服等在工作中需要承受较大压力的人员,尤其适合压力面试,借以考察求职者的抗压能力。要注意的是,这种座位安排不适宜于双方平等交流,不利于那些自信心不足、性格相对内向的求职者发挥水平,所以不建议作为面试座位安排经常使用。

2. 面试官和求职者斜对角坐在桌子的相邻两侧

这种座位安排的示意图如图所示。

面试官和求职者斜对角坐在桌子的相邻两侧

这种座位安排的优点是面试双方会感觉平等、亲切,容易创造出融洽、友好的交流环境,便于双方敞开心扉交谈,因此可以作为面试座位安排经常使用。

这种座位安排的缺点是只能适合面试官和求职者一对一的面试,不方便实行面试官和求职者多对一的面试格局;另外这种安排也不适合压力面试。

3. 面试官和求职者并排坐在桌子的一侧

这种座位安排的示意图如图所示。

面试官和求职者并排坐在桌子的一侧

这种座位安排的优点是双方距离进一步拉近,甚至达到无拘无束、畅所欲言的地步。一般适用于比较熟悉和亲密的人之间进行,在普通面试中很少采用。

这种座位安排的缺点是只能适合面试官和求职者一对一的面试,不方便实行面试官和求职者多对一的面试格局;另外这种安排也不适合压力面试。

内容四:准备面试资料

在面试开始前,面试官手中应有以下材料。
(1)面试程序表。
(2)应聘者个人资料。
(3)面试问题。
(4)面试评价表。
(5)注意事项清单。

内容五:筹备面试小组

1.面试小组的组成

一般来说,面试小组应由人力资源部门和用人部门选派的成员组成,有的大公司还有总经理、董事会代表、工会代表、人力资源管理专家等。如表2-2所示。

表2-2 面试团队的组成

序号	团队组成	具体说明
1	人力资源部招聘专员	人力资源部门在收到用人需求后,负责招聘的人员需要发布招聘信息,之后才会收到求职者投递的简历。对于这些简历,人力资源部应安排员工去筛选、审核,向符合职位要求的求职者发出邀约,初步沟通了解求职者的基本情况
2	用人部门负责人	当招聘专员对求职者进行了解或面试后,留下来的求职者就要进入复试。这时招聘专员就要退居幕后,让用人部门的负责人来面试候选人。因为相关职位所在的部门,其负责人是最了解这个职位的岗位职责和工作内容的,让他们与求职者会面,能有效地了解求职者的专业技能和工作水平
3	人力资源部总监/经理	人力资源部就是负责人才招聘的,人力资源总监或者是人力资源经理,就是招聘工作的一线指挥员。通常,他们会先与求职者会面,负责首轮面试把关,确保初试成效。从幕前到幕后,统筹兼顾,组织安排并主持整个人才招聘工作

续表

序号	团队组成	具体说明
4	总经理或企业老板	很多企业的老板或总经理认为，自己是企业的一把手，有更重要的事等着自己去做，招聘人才这样具体的事情，由人力资源部门负责就行了。对于一般岗位的人才，确实可以由人力资源部门负责招聘。但对于一些中高层管理人才，总经理或企业老板必须要加入到面试团队中来，直接选拔人才

2. 面试团队的职责

（1）用人部门的职责。招聘面试过程中，用人部门主要职责如表2-3所示。

表2-3　招聘面试过程中用人部门的职责

序号	职责	具体说明
1	向人力资源部提出招聘的需求	用人部门要根据年初的人力资源规划或者计划、业务的需要提出招聘申请，请人力资源部在合适的时间内展开招聘工作，把需要的人员招聘到位
2	编制职位说明书	提出招聘申请的时候，业务部门要根据大的环境和公司以及部门的实际需要，把拟招聘岗位的岗位说明书重新优化一下。不能使用之前的岗位说明书，尤其是岗位说明书已经多年没有更新，以此为基础展开招聘是不可能招聘到合适的候选人的
3	面试候选人，进行必要的专业技能测试	用人部门面试的时候按照分工，偏重专业技能的测试，可以根据岗位职责和候选人的从业经历，有针对性地设计一些专业技能方面的问题，在面试的过程中围绕着候选人的关键经历展开面试
4	参与录用决策	在整个招聘面试过程结束的时候，面试官要针对所面试的候选人进行沟通，鉴别出来哪些人是最佳的、哪些人是最合适的、哪些人是备份的。这样能保证招聘面试的效果，不至于最佳人选没来，就无人可用了
5	参与向候选人传递信息	由于面试是一个交流的过程，不管是面试官心仪的还是不满意的候选人，他们都有可能会通过各种渠道联系到面试官，比如通过公司的总机转分机的形式。当候选人问询面试结果时，面试官回答一定要有分寸，避免过于直接和确定地给出答案。毕竟招聘面试不结束，不一定会有最终答案的

（2）人力资源部门的职责。招聘面试过程中，人力资源部门的主要职责如表2-4所示。

表 2-4 招聘面试过程中人力资源部门的职责

序号	职责	具体说明
1	规划招聘的过程	招多少人，从哪里招，谁来面试，招聘周期多长时间，怎么试用等都需要预先设计，而不能想到什么做什么。这个是人力资源的基本功，必须在人力资源规划的基础上，认真组织每一次的招聘过程，一是节约时间，二是提高效率
2	组织招聘的实施	在招聘执行的过程中，要按照计划实施，如果出现意外情况，也能够灵活应对。目的是为保证合格候选人经过公司的招募流程，如期进入工作岗位展开工作，保证业务的正常开展
3	资格验证及进行素质能力测评	招聘人员的任职条件要根据公司和部门的要求严格审查，并做好基本的能力测评工作，如有些单位需要一些专业的资格证书，在面试的时候要进行审核，如果需要做性格测评，也一并执行
4	参与录用决策	人力资源部要与用人部门的面试官一同探讨面试过的候选人，鉴别出来哪些人是最佳的、哪些人是最合适、哪些人是备份的，以保证面试的有效性
5	向候选人传递信息	预约候选人初试、复试、终试、体检、入职等工作，一般情况下都是人力资源部门的工作，最好这些信息的出口统归人力资源部，这样也显得公司的招聘工作比较专业
6	确定入职事项及发放录用通知	薪酬谈判、入职试用，以及发放录用通知是人力资源部门的专有工作
7	评价招聘的过程	整个招聘过程结束后，人力资源部门要做个复盘，看看哪些地方做得好，哪些地方做得不好，以便下次展开招聘工作的时候，效率和有效性更高

> **小提示**
>
> 在人才招聘过程中，用人部门主要从专业角度出发，多方面、深层次地测试申请者的资格，而人力资源部门以及其他利益相关者更多的是扮演帮助者、建议者和监督者的角色。

 相关链接

面试官应有的职业素养

正所谓"千里马常有，而伯乐不常有"，面试官作为人才招聘的关键角色，其职业素养的高低关乎着企业能否招聘到所需人才，因此，面试官应从如下几个方面提升职业素养。

1. 提升专业技能

具有相关的专业知识及技能是面试官应具备的基本素养。在面试过程中经常会遇到需要对应聘者知识水平进行判断的情况,提出关于相关专业知识的问题,也是面试技巧的一种表现形式,体现了面试官对所招聘岗位的了解与熟知。同时作为一名面试官,其人力资源管理技能是十分必要的,无论是面试时的提问技巧,还是对应聘者组织行为上体现出的人格品质的洞察力,都会帮助面试官挑选出更加合适的人才。

2. 注重气质仪表

面试官作为企业招聘时的形象代表,不光是个人形象的体现,同时也是企业形象的展示。面试官衣着得体、举止有礼能够给应聘者一种被重视的感觉,也即抓住了应聘者的心理,体现出优秀的企业形象与文化。反之,面试官的随意着装与举止不当,不光会给自己的形象造成不良影响,使应聘者感觉面试的随意性,同时也会损害企业的形象。因为应聘者对企业文化与形象的第一印象就来源于面试体验。一名合格的面试官,其优秀品质的体现就在于对工作的态度,尤其是为企业招聘人才时的态度,得体的着装、礼貌的举止等都会给企业形象带来一定程度的提升,提高企业对人才的吸引力。

3. 表达友好关爱

提升面试官的亲和力不光能给应聘者一种良好的面试氛围,同时能够缓解面试者的压力,使面试者容易发挥出其真实的能力。表达友好关爱,是一种人文的关怀体现,同样会反映出面试官个人素质和企业形象,所以面试官的关爱友好不光能体现出其亲和的态度,同时还能体现出企业良好的工作氛围与同事之间融洽的关系,由此不仅能够增加应聘者对企业的好感,提升企业的吸引力,也能够使面试官与应聘者在互动方面更加灵活自由,不受拘束。

4. 体现公平公正

面试官的公平公正在面试过程中是十分重要的。每一个面试者都想、也都应得到公平公正的对待。面试官不可因为个人的喜好、应聘者的衣着外表和工作经历等非评价因素影响评价的结果。公平、客观地评价应聘者,能从独立第三者的角度去评价应聘者的品德、素质是十分必要的。同时考官能否做到公平公正、客观将决定面试的效果及信度,影响面试的成功与否。公平公正的态度给应聘者以良好的企业印象,使更多的人才愿意加入到企业当中,提升企业形象,提升企业在社会上的公信力,为企业吸引到合适的人才添加筹码,由此提升企业的核心竞争力。

内容六:提前阅读简历

许多面试官习惯于在面试前几分钟才对应聘者的简历进行浏览,然后就开展面试。

这样，由于对应聘者的背景资料了解不足，难免影响面试评估的有效性和公正性。

为保证面试的有效进行，面试官应提前阅读应聘者的简历，以更充分了解求职者的信息，主要包括图2-3所示的内容。

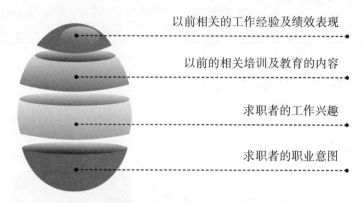

以前相关的工作经验及绩效表现

以前的相关培训及教育的内容

求职者的工作兴趣

求职者的职业意图

图2-3 面试官阅读应聘者简历应关注的内容

另外，面试官在阅读简历时，可对简历中的疑点进行标识，以在面试中进行进一步的问询。这些应做出标识的地方如表2-5所示。

表2-5 简历疑点标识

序号	标识内容	具体说明
1	应聘者工作衔接出现空当的原因	对于应聘者两份工作之间的空档时间，面试官应加以留意，尤其是时间超过三个月的工作空档，应做出明显标识，并在面试中加以提问，了解其真正的原因，是由于应聘者本人的能力迟迟找不到合适的工作，还是其他客观的原因影响应聘者找不到新的工作
2	频繁转换工作的原因	对于那些一年内换了三次工作的应聘者，面试官应特别警惕，要在面试时特别留意，了解应聘者频繁换工作的真实意图，并做出判断，应聘者能否适应本公司的环境，而不会匆匆跳槽
3	最近的培训进修情况	面试官可通过阅读应聘者的培训进修记录，了解应聘者的培训进修情况，从而判断应聘者是否积极好学，能否以积极进取的心态学习本专业的知识和技能。对于毕业五年却从未有过任何培训进修记录的应聘者，面试官应在面试过程中特别留意
4	离开上一家公司的真正原因	应聘者为什么不再在原公司任职？是什么原因促使他离开原公司？这些离职的因素，是否在本公司中亦存在？面试官应通过对应聘者的离职原因进行深层次解读，才能较好地判断该应聘者是否真心实意留在本公司
5	在上一家公司的工作绩效	应聘者在上一家公司取得怎样的工作成绩？当时的情况如何？条件如何？主要面临的问题如何？应聘者使用了哪些资源？他的措施包括哪些？这些措施是否有效？本公司能否提供相近的条件，以供他创造这些绩效？通过这样的问题设计，可更深入地了解应聘者分析问题与解决问题的能力

续表

序号	标识内容	具体说明
6	内容前后矛盾或不合常理的地方	这主要包括应聘者工作经历时间上的前后矛盾，或其他不一致、不合逻辑的地方，如应聘者仅毕业半年，即可担当重要的管理工作岗位等。对此，面试官应多加留意，并在面试中深入问询

内容七：面试方法选择

面试官应根据应聘者的应聘岗位的不同，选择和开发恰当而有效的面试方法。常用的面试方法有图2-4所示的两种。

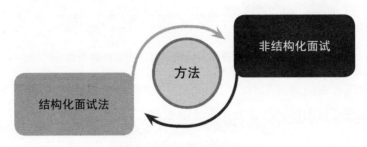

图2-4 常用的面试方法

1. 结构化面试法

结构化面试法是相对非结构化面试而言的，是指企业在岗位胜任力分析的基础上设定标准固定的面试套路，包括固定的提问问题和评分标准等。任何人来面试时，所有面试官都用这套标准去检测，这就是结构化面试。结构化面试的重点和难点是对岗位任职资格及所需胜任力的准确理解和把握，设计考察这些能力的问题，这需要一定的经验积累和对岗位的深刻理解和总结。

> **小提示**
>
> 不同的测试者使用相同的评价尺度，对应聘同一岗位的不同被试者使用相同的题目、提问方式、计分和评价标准，以保证评价的公平和理性。

常见的结构化面试可分为情景面试和行为描述面试。

（1）情景面试。情景面试是采用情景模拟技术，通过给定某种工作情境，要求应聘者迅速做出反应；从求职者对假设情境的设想、联想、假设和分析，来捕捉其某些能力或个性特征。情景面试的依据是目标设置理论，认为意图和设想是对未来行为的有效预测指标。

根据设定的工作情境的不同,我们常见的情景面试大致有表 2-6 所示的几种。

表 2-6 情景面试的种类

序号	面试情形	具体说明
1	无领导小组讨论	无领导小组讨论是指运用松散型群体讨论方式,快速诱发人的特定行为,并通过对这些行为的定性描述、定量分析以及人际比较来判断被评价者特征的人才测评方法。通常是指定几名被试者为一组,就某一个给定问题进行讨论。讨论的主题往往呈中性,没有绝对的对错,易于被试者展开讨论,有自由发挥的余地,充分展示自己的才华和素质能力。评价者则在一旁对被试者的行为表现进行观察评价。 整个讨论过程可以检测应试者的口头表达能力、组织协调能力、情绪稳定性、处理人际关系的技巧等,是一个不可多得的对应试者的能力素质进行立体观察的窗口。 最后,还可根据情况要求应试者写一份讨论记录,以分析其表达能力、归纳能力和综合分析决策能力等
2	公文处理	公文处理的典型表现形式是文件筐测验,也称公文筐测试,它根据被试者在规定的时间内对一系列公文材料的处理情况来考察被试者的计划、组织、预测、决策和沟通能力。它是对实际工作中管理人员掌握和分析资料、处理各种信息,以及做出决策的工作活动的一种抽象和集中。 文件筐测验是一种在静态环境下,对应试者多方面的素质能力进行的测评。它具有高仿真性,尤其适合测试被试者的敏感性、工作主动性、独立性、组织与规划能力、合作精神、控制能力、分析能力、判断能力和决策能力等。由于文件筐测验的试题设计、实施、评分都需要较长的研究与筛选,必须投入相当大的人力、物力和财力才能保证较高的表面效度,因此花费的精力和费用都比较高,往往多用于中高层管理人员的选拔
3	角色扮演	角色扮演是设计一种接近"真实"的工作情境,给被试者一个指定的管理角色,要求测评对象进入角色情境中去处理各种问题和矛盾,从而评价其沟通能力和人际技能。角色扮演中给定的角色往往处于一系列人际矛盾和冲突当中,被试者能够真实地体验不同角色的心理感受。在这种特定角色和心理活动的条件下,能够较为真实地"激发"被试者的最直观的行为,进而可以对其人际沟通技能进行评定
4	即兴演讲	即兴演讲往往是给定被试者一个主题,让其稍作准备,进行即席发言。它主要测评的是被试者的语言表达能力,同时还能够对其思维的敏捷性、明晰性和准确性以及临场的应变能力进行考察。一般来说,往往会根据职位的性质和要求来确定面试中是否有即兴演讲存在的必要

(2)行为面试。行为面试是结构化面试的一种。基本假设是通过一个人过去的行为能够预测其未来的行为。就主试者设定的能力指标开发问题向被试者提问,通过被试者叙述能够显示其能力的完整的行为事例以了解其能力。主试者需要了解的被试者所叙述行为事例的内容,包括表 2-7 所示的三方面。

表 2-7 被试者所叙述行为事例的内容

序号	内容	具体说明
1	背景（Background）	应试者所举的行为事例发生的背景
2	行动（Action）	在事件发生时，应试者本人采取了哪些行动
3	结果（Result）	事件最后的结果如何

在各种面试方法中，行为面试法是效度较高的一种广泛用于企业人员选拔的测试方法。

2. 非结构化面试

非结构化面试就是没有既定的模式、框架和程序，主考官可以"随意"向被测者提出问题，而对被测者来说也无固定答题标准的面试形式。主考官提问问题的内容和顺序都取决于其本身的兴趣和现场应试者的回答。这种人才测评方法给谈话双方以充分的自由，主考官可以针对被测者的特点进行区别提问。

这种面试测评方法简单易行，不拘场合、时间、内容，简单灵活，应聘者防御心理比较弱，了解的内容比较直接，可以有重点地收取更多的信息，反馈迅速。但非结构化面试本身也存在一定的局限，它易受主考官主观因素的影响，缺少一致的判断标准，面试结果常常无法量化以及无法同其他被测者的评价结果进行横向比较等。

> **小提示**
>
> 一般来说，现在的企业大都采用结构化和非结构化相结合的方式，以便企业人力资源的多方位开发和管理形成良性循环。

内容八：面试问题设计

面试是个技术活，应该根据不同对象、不同目的设计不同的面试问题，才能提升应聘者面试体验，真正考察应聘者与岗位的匹配度。常见的面试题型有表 2-8 所示的 10 种，每种题型都有其独特的特点和作用。

表 2-8 常见的面试题型

序号	题型	考察目的	举例说明
1	导入性问题	降低被试者的紧张情绪，创造融洽的交流环境	您到这里需要多长时间？您住在哪里？我们这里还好找吧？

续表

序号	题型	考察目的	举例说明
2	行为性问题	了解人选过去某种特定情境下的行为表现	您是如何成功地带领团队高效工作的？您是如何消除与同事间误会的？
3	智能性问题	考察人选的逻辑性与综合分析能力	您如何看待办公室政治问题？请问您对某某事（热门事件）有什么看法？
4	意愿性问题	考察人选的求职动机及其与岗位的匹配程度	某公司招聘市场人员，应聘者分为两类，一类选择高底薪，另外一类选择低底薪，您会选择哪一种呢？您喜欢跟强势的领导工作，还是喜欢跟民主的领导工作，为什么？
5	情境性问题	可根据具体岗位组合测试要素考察求职者的组织能力	如果请您来组织面试您会如何组织？某日，总经理出差，您忽然接到税务局的通知，税务局要来进行税务稽查，此时您又联系不到总经理，您将如何处理这件事？
6	应变性问题	考察情绪稳定性与应变能力	领导开会时发言明显出错，您如何制止他？您的领导交给您一件根本无法完成的工作，请问您会如何处理这种情况？
7	投射性问题	降低题目的表面效度。尽可能地掩饰面试的真正目的，使用表面效度低的问题，让被试者难以直接判断考官真正要了解的内容	如果让你在工程师与公务员两个工作中进行选择，你会选择哪个？为什么？你如何评价原来的领导？他让你感觉很舒服的特点是什么？有哪些是你难以接受的？
8	细节操作性问题	应聘者的动作操作能力	应聘者求职意向为车间主任，可问：开班有哪些注意事项？收班有哪些注意事项？你如何处理剩余原料问题？员工不愿意打扫卫生你怎么办？
9	核实性问题	核实简历中的信息是否真实	如果应聘者在自己的爱好一栏里写爱好读书，足球。可问：你最近三个月内看过几本书？从这几本书里你学到了什么？欧洲杯最新战况如何？
10	操作性问题	动手操作能力的测试	招一名电器工程师或者质量管理员，可以带着到现场进行实际操作，以验证其技能的适合性

第二节
面试中高效识人

【基本流程】

面试是面试官与求职者就某一特定工作岗位相互交流信息以判断求职者是否符合此职位的会谈过程,是评估求职者是否符合岗位要求的至关重要的甄选方法,决定着企业能否成功吸引并甄选到合适人员。因此,面试官要学会高效识人。

面试中高效识人的基本流程如图2-5所示。

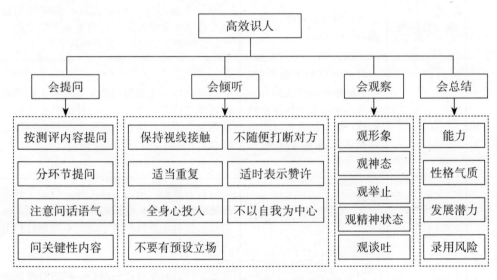

图2-5 面试中高效识人的基本流程

【内容解读】

内容一:掌握提问的技巧

面试是最常用的人才选拔方法,看上去,问个问题并不难,但是怎么通过问题将人才选拔出来,却不是一件容易的事。这就需要面试官掌握一定的提问技巧。"会提问"

是衡量一名面试官技巧掌握的关键要素之一,可以这样说,其技巧的掌握程度可以左右面试的效果。

1. 常见的提问方式

在面试中,面试官要获得关于应试者的不同方面的情况,如心理特点、行为特征、能力素质,由于要测评的内容是多方面的,这就要求面试官根据评定内容的不同来采取相应的面试提问方式。常见的提问方式有表2-9所示的几种。

表2-9 面试提问的方式

序号	提问方式	具体说明	举例说明
1	连串式提问	即主考官向面试者提出一连串相关的问题,要求应试者逐个回答。这种提问方式主要是考察面试者的反应能力、思维的逻辑性和条理性	你为什么想到我们单位,来到我们单位后有何打算?你报到工作几天后,发现实际情况与你原来想象不一致,你怎么办?
2	开放式提问	即提出比较概括、广泛、范围较大的问题,对回答的内容限制不严格,给对方以充分自由发挥的余地。这样的提问比较宽松,不唐突,也很得体,常用于面试开始,可缩短双方心理、感情距离,但由于松散和自由,难以深挖	(1)你在大学期间,从事过哪些社会工作?(2)你的专业课开了多少门?(3)你认为这些课将对工作有什么帮助吗?
3	封闭式提问	即答案有唯一性,范围较小,有限制的问题,对回答的内容有一定限制,提问时,给对方一个框架,让对方在可选的几个答案中进行选择。这样的提问能够让回答者按照指定的思路去回答问题,而不至于跑题	(1)你是什么时候参加工作的?(2)你感到紧张,对不对?
4	非引导式提问	通过对应聘者实际工作事例的询问和挖掘,了解其行为特征、能力水平及素质状况。其目的是通过过去的行为表现,判断其是否具备相应的工作经验与工作能力,以及相关的分析问题、处理问题的综合能力,据此判定其与目标岗位要求的匹配度	(1)请你谈一谈担任学生干部时的经验。(2)请你讲一讲你上一次带队做项目的经历。
5	引导式提问	引导式谈话中,一方问的是特定的问题,另一方只能做特定的回答。主考官问一句,应聘者答一句。这类问题主要用于征询面试者的某些意向、需要一些较为肯定的回答	(1)你担任车间主任期间,车间有多少工人?主要生产什么产品?(2)我们公司的薪酬是一年调整一次,调整依据是个人业绩,你能接受吗?

续表

序号	提问方式	具体说明	举例说明
6	投射式提问	是让应试者在特定条件下对各种模糊情况做出反应。这种方式又可以分两种：一是图片描述式，对面试者展示各种图片，然后让应试者说出他们个人的反应。二是句子完成式。完成式是指呈现给应试者仅有句首而没有句尾的句子，让应试者按照自己的感觉、思维来完成整个句子	我们希望……，我不相信……，我最难容忍的是……，对于陌生人，我通常的态度是……
7	清单式提问	这类提问中，主考官除了提出问题外，还给出几种不同可供选择的答案。目的是鼓励应试者从多种角度来看问题，并提出思考问题的参考角度	你所在的企业最主要的问题是什么？营业额、缺勤、产品质量差还是其他？
8	假设式提问	在这种提问中，主考官为应试者假设一种情况，让应试者在这种情况下做出反应，回答提出的问题。进而来考察应试者的应变能力、解决问题能力、思维能力	（1）如果你是那个肇事的司机，你会怎样处理？ （2）如果你是办公室主任，你将如何处置这个秘书？
9	压迫式提问	一般来说，主考官要尽力为应试者创造一个亲切、轻松、自然的环境，以使应试者能够消除紧张、充分发挥。但有些情况下，主考官会故意制造一种紧张的气氛，给应试者一定压力，通过观察应试者在压力情况下的反应，测定其反应能力、自制力、情绪稳定性等	（1）从你的专业来看，你似乎不适合这项工作，你认为呢？ （2）与上级意见不一致时，你怎么办？ （3）你缺乏经验，怎能胜任工作？
10	重复式提问	重复式提问是主考官向应试者返回信息以检验是否对方真正意图或检验自己得到的信息是否准确	（1）"你是说……" （2）"根据我的理解，你的意思是……"

2. 按面试环节提问

面试实施过程中，可分为建立关系、导入阶段、核心阶段、收尾阶段四个环节，在每个环节，面试官所提的问题应不一样，具体如表 2-10 所示。

表 2-10 按面试环节提问

序号	面试环节	可提问题	举例说明
1	建立关系	此环节中，以暖场为目的，可进行简单的问候寒暄，以便创造友好的沟通环境	可谈谈天气、交通、风俗等；或谈谈最近热映的电影或热播的电视剧

续表

序号	面试环节	可提问题	举例说明
2	导入阶段	在导入阶段，面试官可提些简单、应聘者熟悉的问题来缓解紧张的气氛，建立信任	"你能简单地谈一下你自己吗""你之前在名企工作，现在怎么想跑到我们小公司来呢？"
3	核心阶段	在核心阶段，面试官要抓关键事件，并追问细节	请谈谈你为什么离开上家公司？当你老板知道你要离开后，他什么反应？他采取了哪些行动？你们现在还联系吗？都聊些什么？
4	收尾阶段	在收尾阶段，可让应聘者补充和提问，对于意向求职者可邀约或婉拒	"你还有什么不明白的问题吗？""那我们就到这，后续有消息了，我们再联系你。"

3. 从个人简历着手进行提问

从个人履历着手面试，可以将履历表中未勾画出的人物形象变得丰满充实。而且可以对那些不清楚的问题和未反映出来的信息做进一步问询，内容涉及家庭背景、学习经历、职业历程、自我评价、生活目标等。提问宜采用开放式的问题，即可以让应聘者自由发挥，促其思考的问题，然后切入需要重点考核的问题。

4. 要问关键内容

面试官发问，要问关键内容和存在相互矛盾的地方，刚柔并济。主要问以下三方面内容。

（1）问面试官应该了解但简历、笔试以及三分钟陈述中一直没有叙述出来的问题。

（2）问应聘者在陈述中存在自相矛盾的地方或陈述和简历相矛盾的地方。

（3）问应聘者陈述的事实以及简历中反映出来的内容与应聘职位不相宜的地方。

5. 注意问话的语气方式

面试官问话的语气方式也要因人而异，对性格直爽开朗的应聘者可以问得节奏快一些、直接一些，对内向的人可以适当委婉一些，但无论如何都不要伤害应聘者，或者以教训的口吻对待应聘者，时间充裕的话可以以讨论的形式交流些观点和看法。

但不论怎么问，都要问到点子上，柔中带刚，曲中显直。只有问到矛盾处，才能真正发挥问的效果，通过面试官发问，一是补充需要了解的关键信息，二是就矛盾问题看应聘者的应变能力、诚信品质等。

6. 问题要少而精

面试任何一个人，即便是应届毕业生，也有着二十几年的人生经历，可是面试选拔的时候往往只有几十分钟，这么短的时间进行面试，真的可以得到有效信息吗？这就要求面试官要把握住胜任素质中最关键的几个要素，这样就可以从众多的人才中做出选择。面试前，要认真分析，一个岗位对于一个人的最主要的需求是什么？然后设计相应的面试题目就可以了。

7. 关键问题要深挖

面试时，如果仅是对一些问题泛泛地了解，是不能真正判断应聘者是否真正拥有相关的技能和经验的。必须要沿着自己预先设计的提问思路或从应聘者的回答中引发新的话题打破砂锅问到底，直到你可以对想要了解的内容做出清晰的判断。特别是当候选人出现不自然表情或神态时，更要深挖细节。

面试官有效提问，筛选合适人才

【案例背景】

某天，刘先生受某××公司总经理沈总的邀请，给他们做高级营销经理职位招聘面试的测评。很不凑巧，飞机晚点，没有时间和沈总做面试前的沟通，所以，刘先生只好急匆匆赶到现场，还好，面试刚刚开始。由于事先已经做了筛选，来参加面试的只剩下两位候选人。由沈总亲自担任主考官，在半小时里，他对第一位候选人问了三个问题。

（1）这个职位要带领几十个人的队伍，你认为自己的领导能力如何？

（2）你在团队工作方面表现如何？因为这个职位需要到处交流、沟通、你觉得自己的团队精神好吗？

（3）这个职位是新设立的重要岗位，压力特别大，并且需要经常出差，你觉得自己能适应这种高压力的工作状况吗？

当候选人回答完以后，刘先生马上叫暂停，因为刘先生意识到沈总提出的问题不太妥当，刘先生花了五分钟对应聘者进行了询问，然后他把应聘者的回答和他的真实想法告诉了沈总。

当时，候选人是这样回答三个问题。

（1）我管理人员的能力非常强（实际上沈总也并不知道好不好）；

（2）我的团队精神非常好（只能答"是"，因为沈总已经提供了太明显的暗示，即希望我的团队精神非常好）；

（3）能适应，非常喜欢出差（实际上，如果把工作条件进行排行的话，我最痛恨的就是出差，还有就是占用自己的下班时间。但是沈总的问话方式直截了当地给候选人暗示，候选人必须说"是"）。

【案例分析】

事实上，沈总问的是三个被设计成封闭式的问题。

（1）有没有领导能力？

（2）有没有团队精神？

（3）能不能承受巨大的工作压力？

很明显，这些问题都错误地采用了封闭式提问的方式进行提问，而候选人从沈总询问的问题中很容易就知道他想听到的答案是什么，实际上这是面试中最大的忌讳，而且肯定无法得到真实的答案。

接下来刘先生花了几分钟的时间从三个方面重新为沈总设计了以下问题。

1. 管理能力方面

（1）你在原来的公司工作时，有多少人向你汇报？你向谁汇报？

（2）你是怎么处理下属成员间的矛盾纠纷的？举个例子好不好？

2. 团队协作能力方面

（1）营销经理和其他部门特别是人力资源部门经常有矛盾，你是否遇到过这样的纠纷，当时是怎么处理的？

（2）作为高级营销经理，你曾经在哪些方面做过努力来改善公司内部的沟通状况？

3. 能不能经常出差

（1）以前公司的工作频率如何？经常要加班吗？多长时间出一次差？

（2）这种出差频率是否影响你的生活，是如何影响到你的生活？对这种出差频率你有什么看法？

经过重新设计以上问题后，沈总从两位候选人中得到了更多的信息，最终选择了他需要的人才。

【案例点评】

面试的目的是通过与应聘者的沟通来考察他是否符合岗位的要求，并预测他在未来的工作中是否能胜任，这是个技术活，需要通过精心设计的问题进行考察。一般来说，除了在关系建立阶段可用封闭式问题进行提问以外，其他阶段要尽量采用开放式问话方式进行提问。

采用开放式的问话方式，可以让应聘者畅所欲言，从中获得很多所需的信息。一个好的面试，最重要的一点便是能询问开放式的探索性问题，把问题的提问方式全部换成开放式,一下就能够问出候选人的真实想法,有些应试者会将探索性问题以数量化的方式回答,有些则非常具有分析性、批判性、逻辑性、或倾向于线性思考,而招聘者从中能够更好地了解应聘者过去是否有过类似的工作经历,进而判断其能否适应这种工作。这就是一个有效的面试。

一次成功的面试不但是对应聘者的考验,更是对面试官设计有效的面试问题、选择合适的人才到合适的岗位的能力考验。

内容二:掌握倾听的技巧

面试过程中,"倾听"对于考官和应试人都是十分必要的,双方都力图准确把握对方的真实意图,获取尽可能多的信息。有技巧地倾听才能很好地发现问题、找出问题。面试官在倾听的过程中,应掌握图2-6所示的技巧。

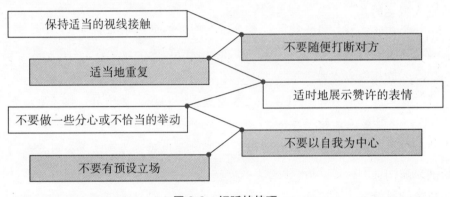

图2-6 倾听的技巧

1. 保持适当的视线接触

在倾听时要保持适当的视线接触,目光对视是对别人的基本尊重。有的人说话的时候,喜欢看着没人的地方,虽然他的本意不是轻视对方,但给别人的感觉就是不舒服。别人说话时,你不仅要用耳朵去倾听,更要用目光去关注,才能鼓励别人敞开心扉,才能说出能够打动对方的话语。

2. 不要随便打断对方

在倾听的过程中,注意不要随便打断对方,你应该让对方将自己想表达的意思说完整以后,再表达自己的想法。如果别人说一句话,甚至一句话未完,你就开始讲述自己的观点,老是这样的话,这就已经不是倾听,而是讨论甚至是争论了。

美国知名主持人林克莱特一天访问一名小朋友,问他说:"你长大后想要当什么呀?"小朋友天真地回答:"嗯,我要当飞机驾驶员!"林克莱特接着问:"如果有一天,你的飞机飞到太平洋上空,所有引擎都熄火了,你会怎么办?"小朋友想了想:"我会先告诉坐在飞机上的人绑好安全带,然后我挂上我的降落伞先跳出去。"

旁边的人听了都哄然大笑,小朋友见此情景甚是委屈,眼眶里满是泪水。

于是林克莱特又问他:"为什么要这么做?"小朋友真挚地说:"我要去拿燃料,我还要回来!我还要回来!"

这一答案也许出乎许多人的意料,很多人也许会为刚才的失礼而感到羞愧。在交流时不注意倾听,结果会产生误会甚至曲解。所以,在办公室里,听同事说话时应该做到:听话不要只听一半。还有,不要把自己的意思,投射到别人所说的话里面。

3. 适当地重复

听别人说话时,听完之后最好是将对方所说的话进行简单的概括,并且复述给对方听,以显示出你在用心听别人说话,而且还在和他一起思考,这样做会让他感觉找到了知音,找到了一种共鸣。注意,只是概括对方说话的内容并且简要复述,这是一种确认,并不是否定对方的思想,你应该尽量避免出现太多的否定词,不管别人的观点是否通情理。

4. 适时地展示赞许的表情

面试交流沟通时不仅仅需要听对方谈话,有时还要根据对方讲话的内容适时表现自己的赞许或者意见。但是在对方讲话时又不适合打断对方,这时面部表情很重要。在倾听对方谈话时适当展示赞许的表情不仅能表现自己的观点,还能鼓励对方说下去,这样更有利于沟通的进行。

5. 不要做一些分心或不恰当的举动

HR 在与应聘者沟通时要全身心地投入,在倾听时不要做一些分心或者不恰当的举动。交流时分心或者不恰当的举动不仅会影响对方说话,还会直接影响自己的职业形象和职业素养。

6. 不要以自我为中心

在良好的沟通过程中,话语占 7%,音调占 38%,而 55%完全是非言语的信号。通常,人们在沟通时,会在不知不觉中被自己的想法缠住,而漏失别人透露的语言和非语言信号。所以,沟通时千万不要以自我为中心,让自己成为沟通有效倾听的最大障碍。

7. 不要有预设立场

如果你一开始就认定对方很无趣,你就会不断从对话中设法验证你的观点,结果你所听到的,都会是无趣的。

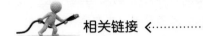 相关链接

面试官如何听应聘者自我介绍

1. 多听"信息"

了解信息是自我介绍环节最基本的目的。从这点出发,把握住了应聘者的姓名、学历背景、工作背景等信息,自我介绍环节的根本目的就达到了。背景信息的了解将有助于面试官理解应聘者,为何表现出了其随后的行为。悉心准备的应聘者经常会在介绍中加进很多能力的介绍与能力的证明,如"我具有很强的沟通能力,曾经在××会议上与多方代表进行洽谈……",这样的内容其实无助于面试官对应聘者该项能力的判断,究竟该应聘者的沟通能力如何,在后面的面试环节中自会有所体现。

关注应聘者对个人能力的讲解与证明是无甚意义的,关注和相信应聘者在自我介绍中的能力证明,由此为应聘者套上一个能力的"套子",可能会使对其的判断绕弯路。

2. 多听"结构"

尽管大多数人都进行了自我介绍的准备,准备的水平也是有所不同的。一些应聘者的自我介绍结构缜密,逻辑清晰,听上去非常清楚;一些应聘者则纠缠于某些细节,在时间分配上不合理,表达的逻辑相对混乱。由此,可以看出应聘者的逻辑能力、表达能力究竟如何。有的应聘者在自我介绍时能够关注听者的反应,去想"他们希望我讲些什么",这样的心态可能有助于他们更加合理地安排内容,从这个细节上,也可以反映出应聘者的人际敏感程度,是不是具有关注他人的特点。

3. 多听"观点"

很多应聘者在进行自我介绍时会通过表达自己的座右铭、对某些事情的观点来凸现自己的特点,这些表达往往是关键和有效的,有助于面试官的判断。一名应聘者在自我介绍时说:"我的座右铭就是'快乐像花儿一样'!"另一名应聘者说:"我的座右铭是'没有最好,只有更好'!"反映出来的人格特质可能完全不同:前者崇尚快乐,注重生活平衡,社会成熟度相对低,心思相对单纯;后者则颇有竞争意识,已经是市场上比较成熟的竞争者。有了这样的判断,面试官可以在后面的面试中进一步关注疑点:前者是否了解岗位的职责和压力所在?后者是否能够容忍团队中能力较低的成员,并与其精诚合作?由此,可以有效地判断出适合岗位的应聘者究竟是哪一位。

总体来说，自我介绍本是不可缺少的，有了这个环节面试才会在"有所了解"的基础上有效地展开，而本着"不可不信，不可全信"之心，有所侧重地倾听应聘者的自我介绍，不失为有效的考察方法。招聘，正是要求面试官保持客观独立的态度，充分信任应聘者并依据事实做出自己的判断，才会达到最好的效果。

内容三：掌握观察的技巧

HR在面试求职者时掌握"观其貌、听其言、察其行"的方法，不仅能够了解应聘者的性格特征，将其安排到最适合的岗位上，还能发现应聘者的性格软肋，避免企业招到不当之人，有助于降低招聘风险。

1. 观形象

应聘者的形象包括相貌、服饰搭配、发型、配饰、衣服的整洁度和妆容等。

（1）看着装的整洁度。招聘不能以貌取人，在职业细分化的今天，着装也逐步不固定了，对人形象的要求就是整洁。也就是说，应试者的服装并不一定非要很正式，但一定要整洁。一个衣衫不整的应试者，很难把他与办事干练的形象联系到一起。同时，不注意卫生的人还会增加患上疾病的风险。

（2）看形象的匹配度。观察应聘者形象的目的是看其个人形象气质和岗位是否相符。

比如，一身"淘宝同款"的应聘者来应聘高档服装设计师岗位，显然这种形象严重不符合岗位特征。

HR如果想要辨别出岗位和应聘者形象气质是否相符，得要明晰岗位需要的形象。

比如，技术人员最好是那些务实、专业知识丰富、专业技能高的人员；而与客户打交道的销售人员，最好是开朗、干练健谈的。

当面试官对岗位形象了然于胸后，便能快速判断出应聘者形象和岗位形象是否相符，快速淘汰不合格的应聘者。

2. 观精神状态

有良好精神面貌的应聘者给人的感觉是拥有积极、自信的心态，有较高的精神追求的，而且这也说明应聘者十分重视这次应聘，更想得到这个岗位。"一身精神，具乎双目"，这句话的意思是一个人的眼睛是其精神状态最重要的窗口。

眼睛正视、目光如炬的应聘者是自信的，但同时也可能说明他刚愎自用；眼神躲闪、摇曳不定的应聘者，他可能不自信，担心自己不能胜任这个工作岗位。

3.观神态

在应聘者回答问题或者表达自己观点时,应注意观察他的神态。

(1)如果应聘者在回答问题时运用了丰富的面部表情和肢体动作以及手势,则说明他对这个问题很感兴趣或者这是他擅长的内容。

(2)如果应聘者在回答问题时支支吾吾,眼神迷离或者不敢正视他人,说明他并不擅长回答此问题,也可能是在撒谎。

> **小提示**
>
> HR在应聘者回答问题时应仔细观察其神情,判断他对问题的理解、掌握的真实情况,进而判断他是否适合这个岗位。

4.观谈吐

应聘者回答问题时语速快慢也能反映出应聘者的性格特征。

(1)如果应聘者在回答问题时语速快而流利,说明他可能思维敏捷、反应迅速,也可能说明他性子急,做事不够稳当。

(2)应聘者说话慢条斯理,语速较慢,则说明其可能成熟稳重;如果说话断断续续,则说明其可能反应缓慢。

另外,面试官也要细细品味应聘者说的每一句话,体会其说话的动机,间接判断应聘者的能力。

5.观举止

(1)面试开始时。应聘者进屋后注意随手关门,坐下时轻手轻脚,表明此人注意细节,办事稳重。如果是进门后大大咧咧,行动风风火火,则此人可能做事粗心,容易丢三落四。举手投足,小动作反映出大性格。

(2)面试结束后。当面试完成后,HR在和应聘者握手告别时应对其进行二次审查,并观察他走路的姿势和速度。如果应聘者主动握手,并且握手的力度适中,面带笑容,同时走路脚步也轻,说明他可能对这次面试比较满意;如果他走路慌乱、急促,则说明其可能稍显急躁。

内容四:面试361法则

面试中30%的时间面试官进行提问及互动沟通,面试官要让候选人有足够的时间沟通表达和呈现,一般让候选人有60%的时间进行应答及呈现,面试的过程是面试官与面试者交流互以辨别是否匹配的过程。最后,面试官应有10%的时间介绍面试流程、公司基本信息等，以顺利结束面试。

在面试过程中面试官应避免说得过多或过少，否则面试的考察将不够充分。

第三节 面试后及时评估

【基本流程】

面试评估是决定应聘者是否录用的依据，应以选才标准及面试评估表为依据，实事求是地进行决策，要少一些主观决策，尤其不能阳奉阴违，任人唯亲。

面试评估的基本流程如图2-7所示。

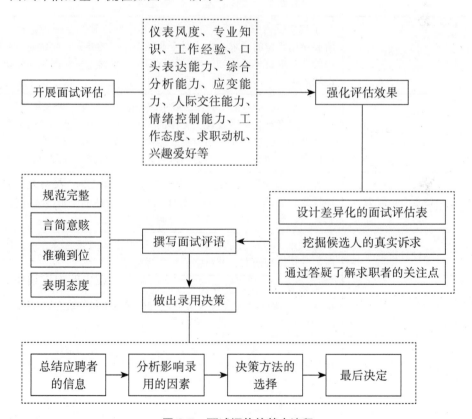

图 2-7　面试评估的基本流程

【内容解读】

内容一:开展面试评估

面试评估,即面试官根据面试情况对应聘人的素质和能力做出判断,写出评估意见。面试评估作为面试决定前面的一环非常重要,将直接形成最终的面试决定,如无意外继而形成录用结果。

1.面试评估的要素

面试评估的要素如表 2-11 所示。

表 2-11 面试评估的要素

序号	要素	具体说明
1	形象气质	这是指应试者的体型、外貌、气色、衣着举止、精神状态等。研究表明,仪表端庄、衣着整洁、举止文明的人,一般做事有规律、注意自我约束、责任心强
2	专业知识	了解应试者掌握专业知识的深度和广度,其专业知识是否符合所要录用职位的要求,作为对专业知识笔试的补充。面试对专业知识的考察更具灵活性和深度,所提问题也更接近空缺岗位对专业知识的需求
3	工作实践经验	一般根据应试者的个人简历或求职登记表的结果,做些相关提问,查询应试者有关背景及过去工作的情况,以补充、证实其所具有的实践经验。通过工作经历与实践经验的了解,还可以考察应试者的责任感、主动性、思维能力、口头表达能力及遇事的理智状况等
4	口头表达能力	面试中应试者是否能够将自己的思想、观点、意见或建议顺畅地用语言表达出来。考察的具体内容包括表达的逻辑性、准确性、感染力、音质、音色、音量、音调等
5	综合分析能力	面试中,应试者是否能对主考官所提出的问题通过分析抓住本质,并且说理透彻、分析全面、条理清晰
6	反应能力与应变能力	主要看应试者对主考官所提问题的理解是否准确贴切,回答的迅速性、准确性等。对于突发问题的反应是否机智敏捷、回答恰当。对于意外事情的处理是否妥当等
7	人际交往能力	在面试中,通过询问应试者经常参与哪些社团活动,喜欢同哪种类型的人打交道,在各种社交场合所扮演的角色,可以了解应试者的人际交往倾向和与人相处的技巧
8	自我情绪控制能力	自我控制能力对于国家公务员及许多其他类型的工作人员(如企业的管理人员)尤为重要。一方面,在遇到上级批评指责、工作有压力或是个人利益受到冲击时,能够克制、容忍、理智地对待,不致因情绪波动而影响工作;另一方面工作要有耐心和韧劲

续表

序号	要素	具体说明
9	工作态度	一是了解应试者对过去学习、工作的态度;二是了解其对现报考职位的态度。在过去学习或工作中态度不认真,做什么、做好做坏都无所谓的人,在新的工作岗位也很难说能勤勤恳恳、认真负责
10	上进心、进取心	上进心、进取心强烈的人,一般都有事业上的奋斗目标,并为之而积极努力。表现在努力把现有工作做好,且不安于现状,工作中常有创新。上进心不强的人,一般都是安于现状,无所事事,不求有功,但求能敷衍了事,因此对什么事都不热心
11	求职动机	了解应试者为何希望来本单位工作,对哪类工作最感兴趣,在工作中追求什么,判断本单位所能提供的职位或工作条件等能否满足其工作要求和期望
12	业余兴趣与爱好	应试者休闲时间爱从事哪些运动,喜欢阅读哪些书籍以及喜欢什么样的电视节目,有什么样的嗜好等,可以了解一个人的兴趣与爱好,这对录用后的工作安排非常有好处

2. 面试评估的原则

HR 在面试评估过程中应坚持图 2-8 所示的几项原则。

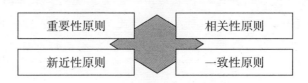

图 2-8 面试评估原则

(1) 重要性原则。HR 在面试过程中会得到重要性各不相同的事例,应该选择重要的事例作为评估的对象。

比如,应聘者可能会提供一个很好的实例来解释说明他/她在分析思维方面的能力。但是,这个范例是能基于一种并不重要的情景之中的。如果应聘者给出另一个例子,在一个关键时刻,他/她的分析思维能力非常糟糕的话,面试官对这个应聘者的评分就应该以第二个更重要的实例为基础。

(2) 新近性原则。新近性原则是指最近的行为最能说明将来的行为。

比如,一个应聘者给出几个十年前的消极行为实例,然而又为说明同样的能力提供了若干最新的积极的行为实例,那么,面试官应该在评分时更偏向于最新的实例。即面试官的评分应该更多地以最新的实例为基础。

(3) 相关性原则。相关性原则是指与应聘岗位相关的实例更加能说明将来的工作能力。

比如,如果一个应聘推销职位的人详细描述了在一次社会活动中的杰出创造性,

人力资源管理——招聘、面试、入职、离职

但又提供了他以前的销售工作中创造性很差的例子。这时面试官就要多考虑以前那个与销售有关的例子。因为应聘者在销售工作中的行为表现与现在他应聘的职位关系更密切。

（4）一致性原则。一致性原则是指判断应聘者所给出的实例是否前后一致以说明实例的真实性。

案例赏析

巧设陷阱考察求职者的应变能力

【案例背景】

某电视台招聘记者，小郑前去应聘。面试中，面试考官指出："你说你爱好写作，可是我看了你填的报考表，在'自我评价'栏中居然出现了三处语法错误，现在既没有多余的表格，也不准涂改，你怎么办？"小郑听罢吃了一惊，心想填表时自己是字斟句酌的，怎么会有三处错误呢？但时间不允许他多想。他当机立断，回答说："为了弥补失误，我可以在表后附一张更正说明，上面写上：'某某地方出现了三处语法错误，实属填表人的粗心，特此更正，并向各位致歉。'不过……"他停顿一下说："在发出这份更正说明之前，我想知道是哪些错误，因为不能无的放矢，错误地发出一份更正说明，我不愿意再犯这种错误。"

【案例点评】

小郑的机智应对令面试考官们笑了。其实他的报考表并没有错误，这不过是面试考官设的一个圈套，用以考察他的自信心和反应能力。从表达角度看，他的得分主要在于后半部的补充说明。这一段内容的表达十分完满，滴水不漏，印证了他机敏全面，认真仔细，一丝不苟的品格，赢得了好评。

内容二：强化评估效果

为强化面试评估效果，面试官可以采取多种措施，通过面试流程的细节设计，来加强评估效果。

1. 设计差异化的面试评估表

一张面试评估表记录了面试的全过程。在有限的时间内，快速做好对面试者的判断，是十分重要的，因此设计合理实用的面试评估表显得尤其重要。

设计面试评估表,一般要做好图 2-9 所示的工作。

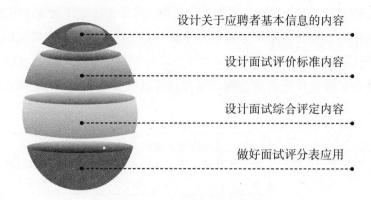

图 2-9　设计面试评估表要做的工作

（1）设计关于应聘者基本信息的内容。应聘者基本信息主要包括应聘者姓名、应聘职位、期望薪资以及面试日期等内容。这些内容都是面试评估时的基础依据,填写期望薪资的内容主要是为面试官提供面谈基础,对薪酬备案做一个补充,避免面试者进入复试或终试后"坐地起价"。

（2）设计面试评价标准内容。面试评价标准主要包括评估维度、参考标准和分数等级。

① 评估维度的主要内容包括综合能力、综合素质以及职位匹配度,具体如图 2-10 所示。

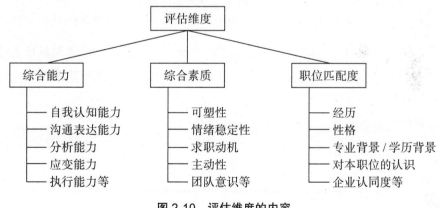

图 2-10　评估维度的内容

② 制定参考标准,应先结合公司战略、岗位需求和公司文化进行综合分析,然后提炼出各种评估维度的量化指标,最后,根据这些量化指标制定出参考标准。

③ 分数等级一般比较常见的是五分制和十分制,也有百分制。

另外,在设计面试评价标准时,还可以运用一些小技巧,使面试评分表更合理,具备操作性。首先,为使面试评价标准的内容简单易懂,可以采用一些通俗易懂的语言精练准确地描述内容，使面试官能即学即用，另外为使考核面试者的维度便于操作，应合理拆分维度，并且拆分的条条框框不应太细，此外，在设计面试评价参考标准时，应尽量采用通用的态度和通用的能力作为标准，避免产生唯一标准答案以及不能客观合理地考查面试者的现象。

（3）设计面试综合评定内容。面试综合评定包括 HR 部门意见，用人部门意见和公司领导意见，具体如图 2-11 所示。

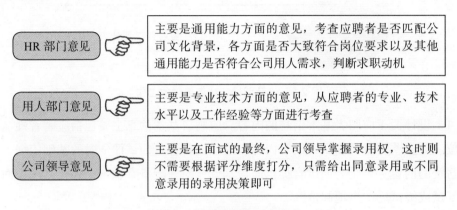

图 2-11　面试综合评定内容

> **小提示**
>
> 　　为了使面试评估表设计得更科学合理，应在一张表格上体现面试综合评定内容，并且内容设计的排列顺序应符合招聘流程，这样可以使表格看起来一目了然，便于操作。

（4）做好面试评分表应用。应用面试评估表时，应将面试评估表与其他表格配套使用（如应聘者登记表、面试提纲、求职简历等），依据具体情况使用，并注意评分表记录栏的填写。

下面提供几份面试评分表的范本，仅供参考。

范本

面试评估表（一）

被面试人姓名		面试日期	
性别		年龄		学历	
应聘岗位		户籍地（省份）		专业	

续表

考核内容	很好	好	较好	一般	不满意
1. 与他人合作态度					
2. 工作经验					
3. 工作技术水平					
4. 学历及培训					
5. 沟通技巧					
6. 语言表达能力					
7. 领导能力（只适用管理人员）					
8. 其他工作技术					

人力资源部意见：

是否进入下一轮面试：是□ 否□　　　面试人：　　　　　日期：

用人部门意见：

是否录用：是□ 否□　　　面试人：　　　　　日期：

建议职位：_____，试用期薪资：_____。

范本

面试评估表（二）

姓名			应聘岗位			
类别			综合素质能力			
面试评分要素	分值	评分要点	评分等级			评分
			好	中	差	
仪态举止	5	仪表端庄自然，服饰得体大方，举止稳重朴实，精神面貌良好	4～5	2～3	0～1	

续表

沟通表达能力	10	言语是否清晰、标准，表达是否准确、流畅，是否具有条理性、感染力与说服力	8～10	5～7	1～4
诚实和忠诚度	10	对企业或个人真实无欺、遵守承诺，并且愿意为企业的发展贡献自己的一份力量	8～10	5～7	1～4
逻辑思维能力	10	思维的敏捷性、条理性与广度、深度；逻辑性和严密性；判断分析问题是否全面、准确、辩证、深刻，有理有据	8～10	5～7	1～4
协调与应变能力	10	反应的机敏程度；人际沟通、合作的意识、能力与技巧；面对压力的心理承受力和自制力	8～10	5～7	1～4
专业素养	20	对专业理论及相关知识的了解、掌握程度，专业素养的高低	15～20	9～14	1～8
解决实际问题的能力	25	能否理论联系实际；分析、处理问题的原则性、灵活性、有效性；适应岗位需求的实际工作能力与业务能力	20～25	14～18	1～12
研究与发展潜力	10	个人对本专业发展前瞻性认识和创造能力、研究能力、完成能力；有无新观点、新思路、新办法	8～10	5～7	1～4
合计	100		总分		

考评者意见：

签名：　　　　　日期：

最终决定：□复试　□拒绝　□录用　□考虑　□存档留用

2. 挖掘候选人的真实诉求

面试时，常规来说我们会将评估重心放在"技能评估"上，这当然无可厚非，毕竟这决定着求职者入职后能否胜任工作，但很大程度上，我们可能忽略了求职者的"真实诉求"，即求职者价值观和本公司是否匹配、求职者的需求公司是否能够满足（如薪资待遇、晋升通道等）、求职者是否能适应团队/组织氛围，而这些决定了"求职者是否能长久和组织一起发展"，不容忽视。

（1）了解求职者的求职动机。面试时，面试官向求职者了解每一份工作的离职原因，其实更多的是希望通过了解其职业轨迹的选择逻辑，探求其"需求层次"，求职者是更看重生存？还是看重发展？或者看重稳定？以此来判断求职者是否能在本公司长久、稳定地发展。

当然，在实际面试操作中，问"离职原因"只是挖掘其求职动机的其中一个方法而已，我们还可以通过了解其对公司的要求来综合判断，比如他希望新的工作能给他带来什么？

比如，更高的薪资、职位的调整、更有挑战的工作内容、减少加班强度等。

（2）了解求职者的价值观。价值观是在一定的思维感官之上做出的认知、理解、判断或抉择，也就是人认定事物、辨定是非的一种思维或取向，从而体现出人、事、物一定的价值或作用。

① 价值观具有图 2-12 所示的特点。

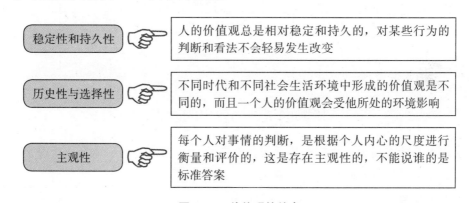

图 2-12 价值观的特点

② 正确判断求职者价值观的重要性。首先，价值观会影响一个人的行为，而且倾向比较难改变。价值观其实可以说是一个人对判断或选择的思维倾向，人会受这种思想倾向的影响，从而选择对应的行为的。

比如，一个人认为吃喝玩乐比事业重要，那么他可能更注重当下的享乐。那如果一个人更加注重个人的成就而非集体，那么在面对个人与集体的冲突时，可能他会先考虑个人。

正是因为价值观会影响一个人的行为，所以要学会更好地判断价值观。

其次，个人价值观和企业文化如果不符，那么员工离职是可预见的。

比如，某公司一直强调员工要努力奋斗，那么在面试中，如果员工是想找比较安逸的工作，那么员工就和这家公司的奋斗文化不太匹配。

最后，如果价值观不符，新员工的离职概率也会比较高。招聘一个人进来，成本是比较高的，包括工资、五险一金、招聘费用和培训费用等。另外，错误的招聘录用，可能会让公司错失更好的招聘时机。

综上所述，面试中面试官要着重去判断应聘者的价值观是否和本企业文化符合。

> **小提示**
>
> 在询问时，面试官要注意判断"求职者价值取向的真伪"，防止面霸"蒙混过关"；同时，关注点应该在"求职者的想法"，不对求职者的描述做任何评价，应引导求职者说出真实的感知。

3. 通过答疑了解求职者关注的重心

面试结束前，面试官可以直接告知求知者，能询问三个比较关注的问题，这样求职者在提出问题时一定会经过思考，提出自己最关心的三个问题。可以就这三点，对双方的契合度进行评估，以便判断公司是否能提供这样的机会。

相关链接

影响面试评估效果的因素

由于面试带有很大的主观色彩，因此在实施过程中，会有一些人为的因素影响对面试结果的评估，这主要表现在以下几个方面。

1. 个人偏好

不少面试官心中都有一个理想的应聘者形象，或称为典型。他们会主观地认为应聘者必定要高大威猛，美貌兼具智慧，或口若悬河。那么，当他们遇见一名高大的应聘者时，面试官便会在有意无意之间从应聘者身上发掘威猛的证据，将一些原来没有太大关联的事件也接受了下来。有些面试心中的典型是十分具体的，他会在招聘面试过程中，将注意力放在一些他以为应与工作表现或能力有关的细节上，而不能客观地评价一名应聘者的工作能力。

2. 经验主义

有些面试官喜欢在面试时与应聘者谈一些与工作无关的内容，如业余嗜好、管教子女的方法、时事分析等。除非应聘者将来的工作与这些内容有关，否则面试官是在浪费时间。尤其是那些经验较浅的面试官，他会因闲谈太多而令面试失去方向，让应聘者有机会天南地北胡扯一番，甚至反客为主地主导着面试，向应聘者喜欢的方向发展下去。面试结束时，能够与面试官谈得投机的人占尽优势，而谈话缺乏趣味性的人便被比下去。其实，若面试官希望知道应聘者在工作以外的生活情况，他应该利用面试前的时间，仔细地阅读应聘者填写的个人资料表，而非在面试过程中去了解。

3. 以貌取人

应聘者都有不同的个人特征，有些面试官虽然口头不说，却不自觉地以貌取人，这种做法有个大问题，若招聘面试由几名面试官共同参与，他们对个人特征的喜恶便会出现分歧，要依据客观标准来评判个人特征是一件十分困难的事。不但如此，若该特征（如美貌、体态）与工作表现其实无多大关联时，面试官却凭直觉来挑选，自然不会找到合适的员工。有些工作也许需要应聘者拥有一些特定的个人特征，如身高和体重，这些条件通常会设定一个范围，让面试官在初步筛选时已将不符合者排除，因此到了面试阶段，面试官不该再将注意力，放在这些项目上。

4. 以性别印象来做决定

面试官挑选应聘者时，除了考虑个人能力、性格、经历等因素外，他们还会倾向于凭个人对工作岗位的印象来做决定。若面试官觉得他公司中的秘书多数为男性，他可能会因此产生一个印象，认为男性较适合该公司的秘书职位。这种个人主观的理解并不一定来自价值观，主要是面试官通过观察得出的结论，这便形成了一种性别歧视。面试考官对工作岗位的性别印象，是一个令面试官不能在面试时客观地评价应聘者的因素。因此，不少人认为男性才能胜任推销工作，女性才能做秘书，主要因为面试官在挑选人才时，早已有先入为主的印象，不大愿意招聘与其印象不符的应聘者，他们（她们）自然难有表现机会。

5. 随意评分难分高下

由于并非经常进行招聘面试，因此少有面试官做面试前的准备，他们较为随意地发问，没有什么计划及组织性。调查发现，他们对应聘者的评分会偏高，评分的分布较窄，准确性也因此变得更低。然而，若面试官使用已拟好的指导来进行面试，他对应聘者的评分便会分散，因而更易区分适合与不适合的应聘者。他们给的分数，往往比没有面试计划的面试官的评分更严。评分的狭窄分布造成一个问题，就是难以将应聘者筛选出来，面试官因此要反复思量及面试，浪费了工作时间，也未必能挑选出合适人选。

内容三：撰写面试评语

写面试评语是每个面试官的必要工作，面试评语写得是否认真、恰当，也是面试官个人综合素质的一种体现。如果面试评语写得过于简单和宽泛，则缺少对面试工作的重视，同时也缺乏对应聘人员的尊重。

1. 写面试评语的好处

（1）复试时提供依据：利于在复试过程中把控重点。

（2）便于未来存档，特别是人事档案归档入库。

2. 写面试评语的要求

（1）面试评语要围绕应聘岗位基本要求进行。

（2）面试评语语言尽量精练、表达意思准确客观，不能因为应聘人员看不到就敷衍了事。

（3）面试评语是对应聘者在面试期间的综合表现进行全方位评价，优缺点都需要进行客观点评。

（4）清楚表明是否录用的态度，避免模棱两可。

> **小提示**
>
> 在写面试评语时，尽量不要评价应聘者的个人隐私和生活方式等。一是因为应聘者的私人情况很难通过一次接触就评价得准确；二是因为，工作和生活本身是两个不同的概念。

3. 面试评语的要素

面试评语一般包括表 2-12 所示的要素。

表 2-12　面试评语的要素

序号	要素		具体说明
1	基本信息	时间观念	求职者到达面试现场的时间与预约时间的差异。比预约面试时间提前 5～20 分到的求职者，比较理想。这类求职者有一定的时间观点，会把握时间。这样的求职者，一般有较强的自律性，能够遵守公司的相关考勤制度
		面貌着装	求职者的衣冠着装是整洁，还是随意邋遢；求职者的精神面貌是精力充沛，还是萎靡不振；求职者说话语气是否连贯
		其他	比如，求职者的籍贯、年龄、毕业院校、在当地的工作生活情况等。是刚来此地找工作，还是已经有几年的工作学习生活经验？是否有固定的住房？是否成家？是否有小孩？家中是否有老人帮忙照顾小孩
2	工作能力	工作经验	求职者的实际工作情况是否与简历中工作经验的表述一致？原工作岗位的主要工作难点是什么？经历过哪些重要的技术事件？是如何解决这些难题的？原工作经验与现工作岗位的衔接性，是否具备现工作岗位的主要工作技能

续表

序号	要素		具体说明
2	工作能力	学习能力	对于现工作岗位欠缺的技能是什么，求职者是否可以通过学习进行提升。求职者的学习领悟能力如何，过去的学习阅读习惯情况，通过自身学习，掌握了那些新的技能
		沟通技巧	与求职者之间的沟通进行是否正常？求职者的沟通能力如何？是否能正确地理解面试官的问题？是否在回避问题，还是在张冠李戴？与求职者之间的互动情况如何？求职者的说服能力如何
		团队配合	在过去的工作中，是否帮助过其他的同事解决不属于自己工作范围的问题？为什么要这样做？帮助意义在哪里
		情绪控制与克服困难的能力	求职者的情绪控制能力如何？面对工作困难和部门领导的不理解，如何调整化解？在过去的工作中解决过什么工作难题，通过什么渠道与方法进行解决
3	职业目标	性格兴趣	求职者的性格特点，与其表述是否一致？求职者的爱好兴趣是什么？与职业目标之间有无联系
		职业规划	求职者是否有职业规划？为什么这样规划？是否有一定的思路，可逐步实现其职业规划？这个职业规划与招聘岗位的需要是否一致？求职者通过努力是否可以得到满足
		离职原因	求职者在上一单位的离职原因是什么？公司现招聘工作岗位的情况，是否会出现与原离职原因类似的情况
		选择工作岗位的因素	求职者选择工作的因素有哪些？比如职业发展、工作环境、学习培训、职位提升、照顾家庭方便等
4	薪资要求		求职者对于薪资的具体要求，是否可以得到满足

4.面试评语的一般写法

面试评语应当规范，信息表达要准确完整，为达到这个目的，应当注意以下几点。

（1）内容上：面试评语的主要内容来自应聘者在面试过程中的表现以及个人简历中描述的信息。

比如，教育背景、工作经历、专业技能（知识）、职业资格、语言表达、沟通交流能力、性格、礼仪（着装、礼节、礼貌用语、气质）等。

（2）语言上：面试评语的语言必须简练，言简意赅，要准确到位，不要长篇大论，含糊不清，啰唆。

（3）结论上：面试评语最后要有评价结论，面试官要表明自己对应聘者的态度，并将自己的结论写清楚，意思明确，观点鲜明以便为复试或者录用提供参考依据。

评价结论根据面试官的不同可以分为用人部门的面试评价结论（如满意，希望确保录用；基本满意，可作为备选；不满意，回绝）、人事部门的面试评价结论（如符合招聘要求，推荐进入复试；基本符合招聘要求，有待复试进一步确认；不符合招聘要求）、上级领导的面试评价结论（如同意，批准录用；基本同意，存疑查清后再定；不同意录用）。

比如，××公司HR在招聘中遇到了一个应聘总经理助理的女士，她三十多岁了，有一个孩子，正上小学。因上家公司搬到外地了，她辞职了。来公司应聘，初试时，HR给她的评语是：此人仪表端正、性格开朗、善于人际沟通，适应能力较强，有一定的学习能力，南京大学法学专业本科，具有十年法务、大区助理工作经验，会开车、有驾驶证，热爱运动、身体健康，不足之处没有总经理助理工作经验，建议进入复试再考察。

结果到复试进一步了解发现，她的确没有一点此岗位工作经验，而且薪酬要求较高，因此，没有录用。

面试评语虽然比较简单，但它体现了一个公司人员的录用规范程度和正规程度，也体现了面试官的专业程度以及文字处理能力，所以在面试结束后，评语必不可少，并且还要把它写好，为复试或者录用提供借鉴。

内容四：做出录用决策

录用决策是指对甄选评价过程中产生的信息进行综合评价与分析，确定每一个候选人的素质和能力特点，根据预先设计的人员录用标准进行挑选，选择出最合适的人员的过程。

1. 录用决策的要素

进行录用决策时要充分分析图 2-13 所示的决定要素。

图 2-13　录用决策的要素

（1）信息准确可靠。包括应聘人员的全部原始信息和全部招聘过程中的现实信息，如年龄、性别、毕业学校、专业、学习成绩、工作经历、工作业绩、原领导和同事的评价以及在应聘过程中各种测试的成绩和评语，都必须是准确、可靠、真实的信息。

（2）资料分析方法正确。资料分析方法正确的要求如表 2-13 所示。

表 2-13 资料分析方法正确的要求

序号	分析要求	具体说明
1	对能力的分析	包括沟通能力、应变能力、组织能力、协调能力
2	对职业道德和高尚品德的分析	工作中所表现出的忠诚度、可靠度和事业心
3	对特长和潜力的分析	对具备某些特长和潜力的人要特别关注
4	对个人的社会资源的分析	个人的社会资源对企业无疑也是一笔财富
5	对个人的学历背景和成长背景的分析	学历背景包括毕业的学校、专业、攻读的学位，可加强对其知识总量、专业能力的判断，成长背景包括成长环境、成长过程、家庭情况和对其有重要影响的人和事，可加强对其个性和心理健康等信息的判断
6	对面试中现场表现的分析	面试是对一个人综合能力和素质的测评，包括语言表达能力、形体表达能力、风度、礼貌、教养和心理的健康，控制情绪的能力，分析问题的能力和判断能力

（3）招聘程序的科学性。一般来说，企业在招聘过程中大致需要经过图 2-14 所示的四个环节。

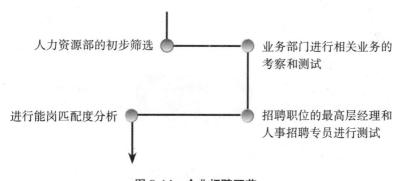

图 2-14 企业招聘环节

（4）面试官的素质。面试主考官的素质水平直接影响着企业是否能招聘到合适的员工，面试主考官的素质越高，招聘录用的效率就越高，而其他考官也应具有较高的素质以辅助录用工作的顺利开展。

（5）能力与岗位的匹配。能力与岗位的匹配应达到图 2-15 所示的要求。

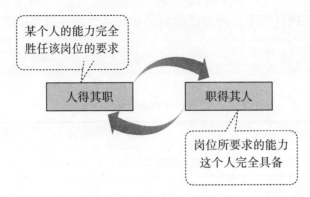

图 2-15　能力与岗位的匹配

2.录用决策的程序

录用一般由人力资源管理部门具体负责决定，人力资源部门经理提供经过筛选的候选人名单，由用人部门主管做出最终决策。没有人力资源管理部门的小型企业，直接由用人部门的主管独立完成整个招聘过程。具体来说，录用决策的程序如图 2-16 所示。

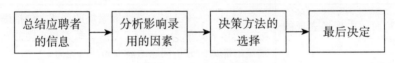

图 2-16　录用决策的程序

（1）总结应聘者的有关信息。根据企业发展和职位的需要，评价小组最终把注意力集中在"能做"与"愿做"两个方面，如图 2-17 所示。

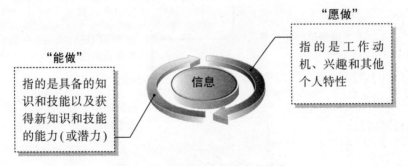

图 2-17　总结应聘者的有关信息

（2）分析录用决策的影响因素。影响录用决策的因素主要如图 2-18 所示。

01　注重应聘者的潜能，还是根据组织的现有需要

02　企业现有的薪酬水平与应聘者之间的差距

03　以目前适应度为准，还是以将来发展潜力为准

| 04 | 合格与不合格是否存在特殊要求 |
| 05 | 高于合格标准的人员是否在考虑范围之内 |

图 2-18　影响录用决策的因素

（3）选择决策方法。常用的决策方法如表 2-14 所示。

表 2-14　常用的决策方法

序号	决策方法	具体说明
1	诊断法	该方法简单，成本较低，但主观性强。主要根据决策者对某项工作和承担者资格的理解，在分析应聘者所有资料的基础上，凭主观印象做出决策
2	统计法	该方法对指标体系的设计要求较高，比诊断法所做决定更客观，首先要区分评价指标的重要性，赋予权重，然后根据评分的结果，用统计方法进行加权运算，分数高者即获得录用资格。可采用三种不同的模式。 （1）补偿模式——某些指标的高分可以替代另一些指标的低分 （2）多切点模式——要求候选人达到所有指标的最低程度 （3）跨栏模式——只有在每次测试中获得通过才能进入下个阶段的挑选和评判

> **小提示**
>
> 　　应用统计法时应注意：第一，事先应形成统一的评价标准；第二，当 HR 与用人部门在选人意见上出现分歧时，HR 应尊重用人部门的意见；第三，要选择合适的而非优秀的；第四，要留有后备人选。

（4）做出最后决定。让最有潜力的应聘者进入诊断性面试，最后让用人部门主管（或专家小组）做出决定，并反馈给人力资源管理部门，然后人力资源管理部门通知应聘者有关的录用决定，接着做最后决定，办理各种录用手续。

在做出录用决策的时候，可以通过不同候选人之间的比较得出决定，也可以通过候选人与招聘标准之间的比较做出决定。决策者要注意的是既要全面衡量候选人的各个方面，又不能吹毛求疵，而且还要做好候选人背景调查，减少企业的风险。

第三章
人才评估

章前概述

HR对于招聘到的意向求职者，应进行相应的入职审查和背景调查，并与当事人就企业的薪酬待遇进行沟通后，才能发放录取通知。

思维导图

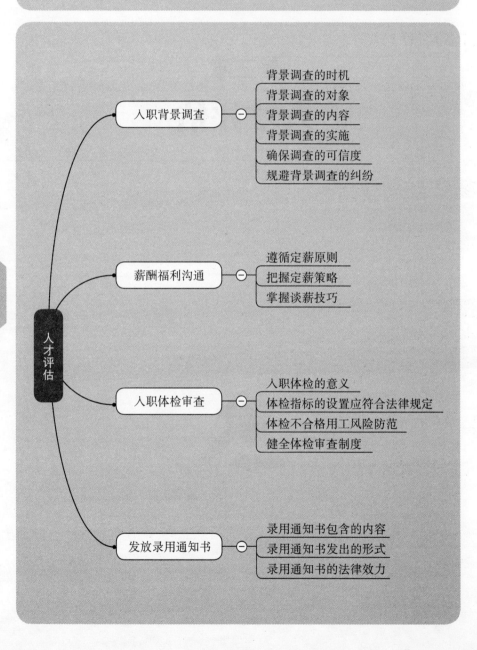

第一节 入职背景调查

【基本流程】

入职背景调查是指从求职者提供的外部证明人或以前工作单位那里搜集资料，核实求职者个人资料的行为，是一种能直接证明求职者情况的有效方法。

入职背景调查的基本流程如图3-1所示。

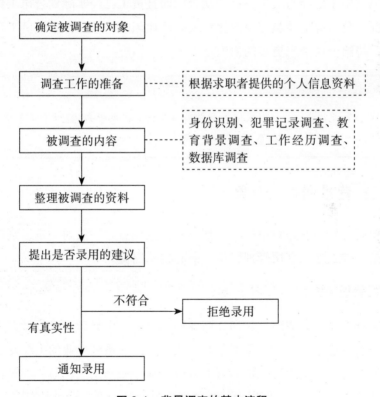

图 3-1 背景调查的基本流程

【内容解读】

内容一：背景调查的时机

1. 入职前背景调查

大部分背景调查是在用人单位有录用意向，但候选人尚未入职之前进行，称为入职前背景调查。但是这个间隙时间比较短，不一定能够完成背景调查，候选人还有可能因为等待时间长而转向其他公司，导致用人单位失去优秀的人才。

2. 入职后背景调查

在员工入职后、试用期之内进行，称为入职后背景调查。一般来说，企业试用期在1个月到3个月之间，这段时间完全能够进行充分的背景调查，也不用担心失去优秀的员工。但是由于已经与员工签订劳动合同而且员工已经实际到公司工作，一旦发现有造假情况，公司辞退该员工要冒比较大的法律风险，而且如果该员工存在职业道德上的问题，将给公司带来更多的损失。

> **小提示**
>
> 对于大部分的职位，企业可以采取入职前背景调查，防患于未然；对于紧急招聘的职位，可以入职后再补上背景调查，但需要在法律上做好相应的防范。

内容二：背景调查的对象

对于企业而言，并不是对全体员工都要做背景调查。一般对一定级别以上的关键岗位进行背景调查，如中高层管理岗位、核心技术岗位。

1. 中高层管理岗位

中高层管理者是企业战略、规划、制度的制定者、引导者、推行者，中高层管理者队伍的素质和管理水平直接关系到企业的执行力，关系到企业的生存发展。

一般来说，对中高层管理人员的背景调查，从任职经历上，应不少于3个相近的任职单位；从时间跨度上，5年以内从事的岗位都应列入背景调查的范围。

比如招聘一个销售总监，背景调查的范围会涉及："上司、下属、平级同事、客户、公司老总、人力资源部"几个跟销售总监接触比较多的部门。这样，就保证了这个销售总监调查的纬度。如果大家对他们的评价都比较一致，那问题也就基本说明白了。

2. 核心技术岗位

核心技术优势具有不可复制性，是企业基于对产业、市场和用户的深刻洞察，并在环境中长期孕育形成的优势，有独特的市场价值，能够解决重大的市场问题。

毕竟核心技术开发投入大、周期长、代价高。要是有差错，会对企业和公司造成致命打击。

内容三：背景调查的内容

员工背景调查的内容主要包括图 3-2 所示的五大类。

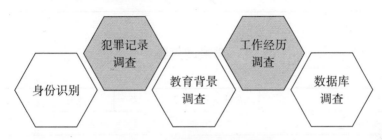

图 3-2 背景调查的主要内容

其中，身份识别指核实候选人身份证的真假；犯罪记录调查是指核实候选人是否有犯罪记录；教育背景调查是指核实候选人的学位证书是否真实、有效；工作经历调查包括调查工作经历是否真实、是否正常离职、是否与原单位解除劳动合同等信息，以及工作具体表现；数据库调查指通过各种权威的信息库来查找候选人是否有被公开的负面信息。

在同一个企业中，对不同岗位所进行的背景调查的范围和深度是不一样的。企业人力资源部可以根据岗位重要性将员工划分成几档，并以此决定对员工进行调查的范围和深度。

（1）最基层的员工可以仅仅做身份证识别和犯罪记录核实，比如一线的操作工人、保安、保洁人员等。

（2）初级专业职位如文员、助理一类，需要加上教育背景和工作经历的核实，教育背景仅核实最高学位，工作经历仅了解最近一两段工作经历，也只需确认工作起始时间和是否正常离职即可，不需要了解详细的工作绩效。

（3）高级专业职位，包括核心技术人员、高层管理者，则需要全面彻底的调查，包括各种专业资格证书的核实、海外经历核实、是否陷入各种法律纠纷、是否在媒体中有负面报道、在前任雇主处的详细工作表现和真实离职原因。另外，还要进行更长时间范围内的工作经历核实，一般最长可以追溯到候选人 10 年以内的工作经历。教育背景也可以核实从本科开始所取得的所有学位。

（4）对于一些特殊性质的职位，例如法务、财务相关工作，无论职位高低，都需要进行最全面严谨的调查。

背景调查完成后，要统一填写"背景调查表"，报领导审查，确定最终是否录用，并作为员工的历史资料，由人事部门专人负责入档。表的填写应注意：表格填写要完整、准确，不得漏项，记录在调查过程中了解到的一切信息；填写调查结果，应涵盖调查的内容；应显示背景调查对象的职务，以便对其提供情况的可信度做出判断。

下面提供一份背景调查表的范本，仅供参考。

范本

背景调查表

应聘者姓名			应聘岗位		面试时间	
调查单位1						
提供信息人1	与被调查者关系		□上级 □下级 □平级 □其他_____			
	姓名		所在部门	所在职位		联系方式
被调查者信息	任职时间			任职岗位		
被调查者信息	工作评价			有无不良记录或纠纷		
				薪资水平		
	离职原因	□公司辞退（原因：）		□个人辞职（原因：）		
调查单位2						
提供信息人2	与被调查者关系		□上级 □下级 □平级 □其他_____			
	姓名		所在部门	所在职位		联系方式
被调查者信息	任职时间			任职岗位		
被调查者信息	工作评价			有无不良记录或纠纷		
				薪资水平		
	离职原因	□公司辞退（原因：）		□个人辞职（原因：）		

续表

调查单位3							
提供信息人3	与被调查者关系		☐上级 ☐下级 ☐平级 ☐其他_____				
	姓名		所在部门		所在职位		联系方式
被调查者信息	任职时间			任职岗位			
	工作评价			有无不良记录或纠纷			
				薪资水平			
	离职原因	☐公司辞退（原因：） ☐个人辞职（原因：）					
调查小结							
调查结果	☐属实 ☐不属实						
调查日期			调查部门			调查人	

内容四：背景调查的实施

根据上面介绍的调查内容分类，各项背景调查的操作如下。

1. 身份核实

进入"全国公民身份证号码查询中心"网站（见图3-3），在身份证号码框内输入想要查询的身份证号，然后点击"号码信息解读"即完成查询，可以辨别候选人身份证的真伪。

2. 犯罪记录核实

犯罪记录核实有两种渠道，第一种是候选人户口所在地派出所。由于犯罪记录在中国不对公众开放，所以大部分派出所不会进行口头的核实，比较通常的做法是候选人本人或者亲属到当地派出所开具无犯罪记录证明，并提供开具证明的警官姓名和办公电话，然后由HR再打电话到派出所找该名警官核实情况。

第二种是员工档案所在地。由于有的地方档案管理不健全，所以不一定所有的犯罪信息都会在档案里面有,所以该渠道只能是一个备用渠道。

图 3-3 全国公民身份证号码查询中心截图

3. 教育背景核实

中国高等教育学生信息网,能查询 2001 年后的大专以上的毕业证书,但无法查询学位证书。如果员工获得的是专科学历,由于专科学历只有毕业证书,无学位证书,因此仅查询该网站即可;对于本科或者以上学历,有学位证书一定有毕业证书,而有毕业证书不一定有学位证书,因此该网站不太适用,需要通过高校的档案馆来核实学位证书,一般的档案馆要求调查者发函或者传真过去,并收取少量的查档费;对于国外的教育经历,可以委托有能力的第三方公司或者教育部的留学服务中心来核实。

4. 工作经历真实性的核实

HR 可通过候选人原工作单位总机转到人力资源部门,找到相关人事专员进行核实,这是最可靠的一条途径。当遇到总机要求实名转接时,可要求候选人提供一个人事专员的姓名,通过总机转入进行核实。如果无法提供,前任主管也是另外一条可靠的渠道。

5. 工作具体表现的调查

如果需要核实该项,在进行工作经历真实性核实时,HR 应从候选人原工作单位人事部门那里确认候选人直接上级的姓名和联系方式,然后通过企业总机或者企业邮箱采访其上级,获取所需资料。

6. 数据库调查

企业 HR 可根据自己的需求,选取不同的信息库网站进行排查。

内容五：确保调查的可信度

背景调查的可靠性是保证招聘结果可靠性的重要因素，而结果的可靠性来源于过程的可靠性。要想确保调查可靠，HR 可从图 3-4 所示的几个方面入手。

图 3-4　确保调查可靠的措施

1.确保调查渠道可靠

这里所说的"可靠"是指那些权威的信息来源。

比如，对于工作起止时间、职位等客观信息，候选人原单位的人力资源部门这类有权保留员工信息的部门是可信渠道之一；而对于工作具体表现，其直接主管则更可靠一些，因为主管是对员工进行绩效考核的主体。

2.确保受调者身份可靠

在选择了可靠的调查渠道后，如何认定接受调查的人真的是候选人的前主管或者其所在单位的人力资源部门呢？候选人原单位总机和办公邮箱是关键。因为一个公司的总机是公开的、可以信赖的、相对来说是不会变的，办公邮箱也是这样。所以如果一个人是你通过总机或者是公司邮箱联系上的，那么这位受调查者的身份是可以信赖的。

3.确保调查信息可靠

即使我们选择了可靠的渠道，确定了受调者的身份，那么如何确保受调者所说的话是相对客观公正的呢？要做到这点，你需尽量弄清楚并记录受调者的姓名（至少是姓）、办公电话以及职位。如果一个人被别人知道了自己的姓名、性别、职位和办公电话，那么他/她自然而然就不太可能会说谎，因为他/她是可以被定位的，同时这些信息也方便你再次打电话进行二次调查。

另外，如果是通过邮件、信件、传真等方式联系的受调者，应妥善保留这些书面证据，如果通过电话核实出来有负面信息，那么必须找受调者要一份书面的证明。一旦出现虚假的情况，负责招聘的 HR 应该高度重视，除了索要书面证明外，还要进行各种特殊情况的排除。

比如，候选人可能将实习的时间并入工作时间而造成工作起止时间有出入；职位名称方面，候选人可能写的是对外的职位名称，而受调者提供的则是对内的职位名称；薪资方面，候选人写的可能是税后工资，而受调者提供的可能是税前工资。

在排除了这些可能的特殊情况后，再从其他渠道进行二次调查。

比如，如果候选人与原单位人力资源部门提供的工作时间有很大出入时，可以找其前任主管核实。

> **小提示**
>
> HR在判断一名员工是否弄虚造假时，可将他填写在背景调查表上的信息、应聘简历与实际核实到的情况进行三方面的对比，一旦有出入则要求候选人做出解释。

内容六：规避背景调查的纠纷

背景调查的纠纷主要是由于候选人对背景调查的过程和结果不满造成的各种劳动关系的纠纷。这种情况违背了背景调查的初衷，无论是对于企业的声誉，还是对于企业正常的运营，都是极为有害的。因此，企业要尽力规避背景调查中的一些纠纷，具体措施如图3-5所示。

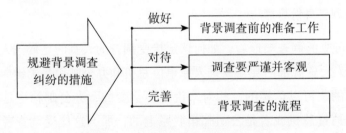

图3-5 规避背景调查纠纷的措施

1. 做好背景调查前的准备工作

企业要在背景调查前做好两方面准备。一方面，要获得候选人的理解和支持，把调查的目的、内容、调查人员范围都向候选人做出解释说明，最好是在面试中就告知候选人，让他们有思想准备，这样后续的调查也能获得他们的配合和支持。

另一方面，要求候选人填写背景调查信息表。在该表中，除了要求候选人提供各种需要调查的信息外，还应包括候选人亲笔签署的授权书和声明书。

下面提供一份背景调查授权书的范本，仅供参考。

> 范本

背景调查授权书

鉴于与××有限公司的良好沟通与信任基础，本人同意××有限公司或其委托相应的机构对本人进行相关背景信息核查工作并授权如下：

本人在此授权××有限公司及其代理机构（以下合称"核查人"）以所有合理方式对本人的全部背景信息进行全面核实，并承诺全力配合核实工作。本人知悉，所涉及背景信息可能包括但不局限于个人基本履历信息、家庭信息、生活信息、犯罪记录。

本人同意并授权知悉或掌握本人上述背景信息的个人、公司、机关、团体或者其他组织（以下合称"信息披露方"）充分配合上述核查人的调查核实工作，如实披露有关信息或出具相关证明材料。信息披露方的披露行为系经本人同意和授权，不构成对本人的侵权，本人不以任何形式追究信息披露方因此而可能产生的任何责任。我认可此授权书传真件、复印件、扫描件与原件具有同等效力。本人就上述调查所作同意及授权的自本授权书签署之日起生效且有效期至全部背景核实完全结束，除非双方另有约定。

本人保证提供给核查人的有关本人背景信息的内容真实、完整。本人理解并接受任何故意隐瞒、伪造或遗漏可能导致的拒绝聘用或解除劳动合同关系的后果。

本次核查所出具的报告及其所有内容，仅用作与××有限公司聘用条件的参考，本人未同意及授权以与此次合作及核查无关的目的将该等报告或相关内容公开或披露给非委托方或任何其他无关第三方，核查人亦不得就此作前述公开或披露。并且本人在此承诺不得将合作方及核查人名称、所核查信息等泄露给任何无关第三方以及在互联网上发布相关信息。

姓名：_____

身份证号：_____

时间：_____

2. 对待调查要严谨并客观

在背景调查过程中要保持严谨和客观的态度，妥善处理背景调查的负面结果。对于疑似负面的信息，要排除各种特殊情况，并多渠道求证，不能轻易地下结论。但是一旦确定这些负面信息属实则需采取相应措施，情节较轻者从轻处理，如培训、调整工作岗位等，情况严重的要果断地拒绝聘用，或与之解除劳动关系。

需注意的是，由于很多候选人可能尚未与之前所在的公司解除劳动关系。所以在背景调查表的每段工作经历后面，需要候选人注明"是否可以与该雇主联系，如果现在不行，何时可以"。否则人力资源部冒失地打电话过去，会产生一些不必要的麻烦。

3. 完善背景调查的流程

对企业来说，要完善背景调查的各种制度和流程，保留各种书面资料。这些资料如图3-6所示。

资料一	背景调查信息表的存档，尤其是里面的授权书和声明书
资料二	书面形式记录的调查内容，包括证明人拒绝核实等情况都应一并记录，将其归档
资料三	为雇员建立并完善背景调查档案，并保证这些档案的安全，确保只有相应工作人员才能查看或者处理这些信息资料

图3-6 需保留的相关资料

第二节
薪酬福利沟通

【基本流程】

薪酬谈判是招聘的临门一脚，是决定招聘成败的关键之举，更是企业和应聘者之间的心理博弈与较量，只有在谈判的时候准确把握对方心理，以"读心"代"谈薪"，才能使招聘变得事半功倍。常见薪酬谈判的流程如图3-7所示。

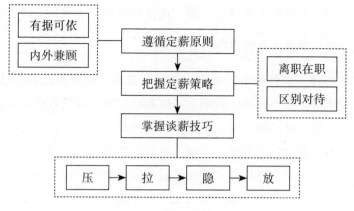

图 3-7　薪酬谈判的流程

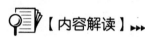

内容一：遵循定薪原则

薪酬谈判要达到两个目标：一是吸引与激励人才，即薪酬谈判的结果要体现招聘职位与人才的市场价值；二是保证内部员工的公平，即薪酬谈判的结果要体现该职位与人才在企业内的相对价值。这两点是薪酬谈判的出发点，必须把握好两者的平衡。对此，企业应遵循图 3-8 所示的定薪原则。

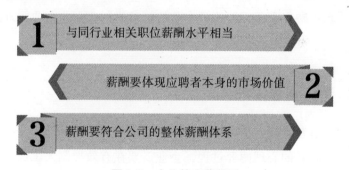

图 3-8　企业的定薪原则

1. 与同行业相关职位薪酬水平相当

某些企业的薪酬人员不关心也不了解市场薪酬信息，特别是在本企业某些职位的薪酬水平已远远低于市场平均水平的情况下，坚持要求招聘人员以内部的标准去进行薪酬谈判，结果薪酬一开出来就把应聘者给吓跑了，或者经过一轮"拉锯战"后已经接近市场水平，但是应聘者已经在薪酬谈判的过程中产生很大的挫折感，对企业也丧失了原有的信任与信心，最后导致应聘者拒绝，招聘人员吃力不讨好。因此，企业应参考同行业相关职位的薪酬水平确定薪酬，这样招聘专员才有与应聘者谈判的基础。

2. 薪酬要体现应聘者本身的市场价值

薪酬要体现应聘者本身的市场价值，包括其素质、能力、经验与过往业绩状况。如果候选人经验丰富、能力很强，薪酬水平应相应提高，反之则适当降低。如何科学衡量人才的市场价值，可以分成两个阶段，一是在员工入职之前，二是入职之后。

员工入职前，企业对应聘者并不了解，这时对应聘者的衡量，主要就是通过面试及甄选的过程实现的，这个过程的实质就是对应聘者与岗位匹配程度的考察。

比如，企业招聘一名营销总监，经过甄选终于找到一位可以考虑的人选，如果该人选勉强可以任用，不过还不太满意，因为实在没有完全符合要求的人选就凑合着用，这种情况就是"人岗匹配度"不够好，薪酬可低一些。

另一种情况是求职者的综合素质已经超出任职要求，可完全胜任该工作，这种情况薪酬可高一些。

3. 薪酬要符合公司的整体薪酬体系

薪酬的确定要符合公司的整体薪酬体系，包括薪酬水平与结构，避免对内部员工造成较大冲击。公司要招聘的是合适的人才，这种合适也包括薪酬的合适。招聘人员需要维护薪酬体系的相对刚性与稳定性。因此，招聘人员要掌握主动权，积极地引导应聘者接受公司的薪酬体系。让应聘者认识到本企业的管理理念与原则是很重要的，重才而不迁才，明确告知应聘者哪些事情是企业可以满足的，哪些是不能满足的，这样才能确保人才真正融入企业，能认可企业的管理机制，而非企业管理机制因个人而改变。

内容二：把握定薪策略

针对已离职人员及在职人员两种情况，企业应有着不同的定薪策略。要知道，薪酬谈判是企业与应聘者的心理博弈过程，企业需要在有效控制人工成本的同时，提高招聘后期薪酬谈判的成功率。

1. 离职人员的定薪策略

一般情况下，对于已离职的人员，因为工作选择余地偏小，并且有着较大的时间与经济压力，其求职目标更倾向于"保级"，其心理预期与前一工作差不多就行。因此，定薪策略为：比原薪酬略低、持平或略高，具体按原薪酬的"−10% ~ +10%"即可。至于这个薪酬区间选择哪个薪点，可以根据一个外在性的指标来确定——应聘者可选择的空间，选择空间较大薪酬可适当上浮一些，选择空间较小则薪酬适当下调一些。

而应聘者可选择的空间，可以根据应聘者的求职能力、市场的同类职位招聘状况（机会多少）、应聘者求职的时间紧迫性等。

2. 在职人员的定薪策略

对于在职的人员，因为其有着更多的可选择性，进可攻、退可守，也没有时间的压力，其求职目标更倾向于"晋级"，其心理预期的薪酬要明显高于目前工作。因此，定薪策略为：与原薪酬持平、略高或明显高于，具体按原薪酬的"0%～+30%"即可，特殊情况还可适当上浮。

内容三：掌握谈薪技巧

面对自己心仪的人才，HR到底该如何与其谈薪资？其技巧如图3-9所示。

图3-9 谈薪技巧

1."压"出谈薪空间

"压"出谈薪空间就是适当给予应聘者心理压力，降低其心理期望，让对方务实理性地看待薪酬。

（1）提前告知公司的薪酬原则。针对一些求职者过高的薪酬期待，HR要明确告诉他公司的薪酬原则。

比如：

定薪需要遵循公司现有的薪酬体系；

原有薪酬可以作为参考，但并非绝对依据；

公司目前的薪酬体系，是在市场全面调查的基础上确定的，体现了公司的价值标准等。

（2）知己知彼掌握薪酬信息。薪资谈判过程中，作为企业方要知己知彼。知己就是了解自己企业的薪资结构和现状，知彼就是了解应聘者的真实薪资待遇和他曾经的薪资待遇，同时知道同类人才的社会平均薪资，甚至他的社会关系（同学、亲朋等）的薪资待遇。

HR在调查了解全面信息的基础上，就掌握了谈薪的主动权，这样来与应聘者谈判，可以降低应聘者的心理预期，使应聘者主动降低薪资要求。

（3）只告诉对方薪酬范围的下限及中间值。企业如果在招聘广告中注明薪酬的话，最好也只标明薪酬的范围，一般应当保留薪酬范围的上限，只告诉应聘者薪酬范围的下限及中间值。

另外，HR还需与应聘者讲明企业在薪酬方面具有竞争力的地方和吸引人的地方。就好像做营销一样，要善于将企业薪酬的卖点告诉对方。如各种保险齐全，实行内部赠股制度，而且大企业让应聘者有更稳定、长久的收入等，尽量避免一开始就将企业的底牌亮出。只讲下限值及中间值的好处如图3-10所示。

图3-10　告诉对方薪酬范围的下限及中间值的好处

（4）明确具体岗位薪资的上下限。在与应聘者谈论薪资之前，HR应该先考虑这个职务对企业的价值为何，以及企业愿意支付的薪资，才可能寻找到与企业薪资预期相符的应聘者。否则，当出现对薪资预期过高的应聘者时，HR可能会与应聘者陷入不切实际的讨论，最后还是徒劳无功。

所以，在面试前，企业必须确定出职务给薪的上限为多少。因为企业必须顾及财务能力，以及内部给薪的公平性，这个上限即使企业最大竞争对手的最优秀员工来应聘，也不能被打破，否则员工薪资可能成为负担。而且如果企业给予应聘者超出上限的薪资，当其他员工知道时，也会引起不满，影响员工的情绪。

2．"拉"长企业优势

如果说是"压"是为了"避短"，"拉"就是为了"扬长"，即突出企业的卖点，弱化应聘者对薪酬的关注度。

（1）用企业实力吸引应聘者。HR在和应聘者交谈时，应引导应聘者看企业的网站和有关的宣传册，介绍企业的管理团队，介绍企业的文化。此外，还要介绍企业所在行业的发展趋势，介绍在这一大行业背景下企业的发展历史、现状及未来走向和发展战略；并结合应聘者的自身特点为应聘者做简明而充满希望的职业生涯规划，以满足应聘者的成长渴望；同时根据应聘者的实际情况积极正面地引导应聘者共同奋斗，体会企业成长的乐趣。

> **小提示**
>
> 正面的理念引导，会增加企业对应聘者的吸引力，冲抵应聘者对实实在在的薪资的期望。但在进行此类操作时，忌讳神吹胡侃。

（2）突出强调其他优渥条件。一个职务的报酬并不只体现在薪资上，当企业与应聘者在薪资上的看法不同时，企业可以量化其他福利，以减少双方的分歧。

比如，HR可以向应聘者分析，虽然职务的基本底薪比应聘者的预期低，但是企业的佣金及年终奖金比一般企业高，想办法在不提高薪资的情况下，让应聘者看到一个职务的真正价值，以增强对应聘者的吸引力。

（3）抓住对方需求。在沟通过程中，HR可以仔细聆听应聘者的说法，了解他们重视的其他条件是什么，以尽量满足他们的要求。对某些应聘者而言，弹性的上下班时间、休假、培训的机会等，虽然不是直接的薪资报酬，但是可能也是他们决定是否接受一项工作的重要参照。

比如，××公司的招聘专员小叶在面试一位UI工程师的时候，问及对方的离职原因，对方提及是产品经理过于强势，觉得自己的想法得不到任何发挥；并且平时工作期间大家仅限于工作交流，觉得氛围很压抑。小叶经过其他的面试发现，该候选人是半路转行UI设计，但是很有潜质，能力也符合要求，很有自己的想法。后在薪酬谈判的时候，小叶将对方对工作氛围的需求和个人想法的发挥作为主要吸引点，变成薪酬谈判的一个筹码，成功用低于市场价25%的薪资招聘到了该员工。

3. "隐"去薪酬计算细节

薪酬，可以拆分开看，分成薪和酬两部分。薪，指的是薪资，包括工资、津贴、奖金、分红、福利等一切可以用财务数据量化的个人物质层面的回报。酬，指的是报酬，包括非货币化的福利、组织的认可、更有兴趣的工作、更大的成就感、学习的机会、发展的机会等，是一种更加着眼于个人精神层面的酬劳。

在和候选人谈薪酬的时候，不要忽略薪酬的整体概念。HR一定要有这方面的意识，也就是企业能够提供的薪酬是能量化的以及不能量化的整体薪酬，而不仅是工资和奖金层面的钱。

4. "放"慢薪酬谈判节奏

（1）降低应聘者实际心理期望。无论多么急用的人才，在薪资谈判阶段都不能操之过急，要充分利用时间来解决问题。

应聘者的薪资预期比自己企业薪资水平高出很多时，也不要轻易放弃，必要时也要出点难题考一下。

比如，有一位老板看上了一位很优秀的人才，非常想录用他，但应聘者的薪资要求较高，自信心太强。于是他在谈判过程中出了几道专业领域里面的尖锐难题，结果应聘者答得不好，自信心锐减，就这样薪资很快谈了下来。所以薪资谈判是心理战，更是耐力战和智慧战。

（2）弱化应聘者的重要性。即使 HR 很中意某位候选人，但还是不要太过表露，这样会增加其自我评价的分量。HR 可以向其表明，还有很多候选者正在竞聘该职位，公司也在权衡比较。这样就能够有效降低应聘者的自我预估、增加 HR 的谈判筹码。

（3）安排冷却时间。如果前两次薪酬沟通没有成功，应聘者有可能在离开谈判现场之后，继续通过电话、邮件等，继续提出异议。

此时，HR 不需要马上进行回复，而是要通过 1～2 天的等待，让对方知道，薪酬的调整需要经过公司内部流程审批，制造一点的困难感，从而让对方知难而退。

（4）适时"最后通牒"。如果应聘者要求的薪酬始终和企业标准差距较大，HR 可以及时传达最后通牒，即明确告诉对方，自己已尽了最大努力进行特殊薪酬申请，但如果公司不同意，只能选择放弃。

> **小提示**
>
> 薪酬谈判是一门科学，也是一门艺术，需要勇气与智慧并存，它源于对双方信息的充分把握，对双方心理的准确捕捉，以充足的信心、坚定的立场、开放的思维、亲和的态度，有理有利有节地进行沟通，才能促成薪酬谈判的成功。

第三节　入职体检审查

【基本流程】

员工身体健康是公司最大的财富，也是公司稳定发展的保证，为确保入职员工身体健康满足岗位的要求，入职员工必须进行体检并向人力资源部提交报告进行存档。

新员工入职体检审查的流程如图 3-11 所示。

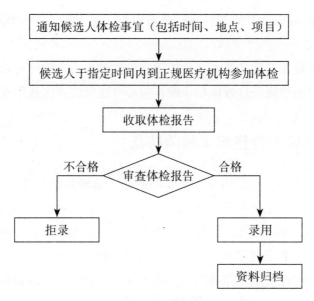

图 3-11 新员工入职体检审查的流程

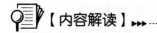

内容一：入职体检的意义

入职体检是专项体检之一，旨在通过体检保证入职员工的身体状况适合从事该专业工作，在集体生活中不会造成传染病流行，不会因其个人身体原因影响他人。

劳动者的身体状况不仅关系工作能力，更为重要的是关系到企业的用工成本。在劳动合同履行过程中劳动者患病的，即使入职前就存在该潜在疾病或职业病，新用人单位仍将可能对此承担责任，这大大增加了企业的用工风险。

因此，用人单位应要求应聘者在入职前提供体检证明，并指明需要检查的项目，但要特别注意不能涉及对某些疾病的歧视等。

内容二：体检指标的设置应符合法律规定

用人单位可以了解员工与工作相关的身体情况，但不得以某些疾病为由拒绝录用，且体检指标的设置应当符合法律规定。

《劳动合同法》第八条规定，用人单位有权了解劳动者与劳动合同直接相关的基本情况，劳动者应当如实说明。为此，用人单位通过体检报告了解员工必要的身体情况有相应法律依据。就该体检信息，用人单位除应当承担保密义务外，对于部分体检事项，除非劳动者同意，否则不得强行要求检查，更不得以某些疾病作为不录用的理由。

健康条件、体检标准并非用人单位可随意设置的，用人单位可以对录用劳动者的身体状况设定相应的健康条件或体检标准，但不得违反法律法规的规定。

内容三：体检不合格用工风险防范

有些企业在用工中，经常出现发出录用通知，通知劳动者被录用及到岗期限等，在劳动者入职报到时，才要求劳动者参加入职体检。如果体检结果出现用人单位不想接收的情况时，用人单位往往以此体检结果不符合要求为由中止办理入职手续，部分劳动者已经进入了岗前培训甚至直接上岗，也照样被通知不录用。

如果用人单位已经发出录用通知书，用人单位能否以员工体检不合格为由不予录用呢？很显然，不能这样操作。录用通知书是用人单位向拟录用的应聘者发出的意思表示，其目的是与应聘者签订劳动合同、建立劳动关系，录用通知一经送达应聘者，对用人单位即产生法律约束力。录用通知书虽属要约，但是应聘者一旦承诺，则产生《合同法》上的合同缔约效果，录用通知书的内容即对双方都产生法律约束力。

因此，在应聘者已经接受用人单位条件按期报到的情况下，用人单位不能做出相反意思表示，只能与应聘者签订合同并建立劳动关系，否则要承担违法后果。即使劳动者存在某些疾病，用人单位也不得拒绝，只能在建立劳动关系后，根据《劳动合同法》有关规定进行处理。由此可知，在发出录用通知后再通知进行入职体检的做法存在法律风险。

正确的做法是：将体检环节提前到其他面试考核程序后，发出录用通知前，再根据体检结果确定最终录用名单，而不是在未看到体检报告之前就发出录用通知书。同时可在录用通知上增加"体检不合格者，本公司不予录用"条款，但相关体检不得违反《就业促进法》等法律有关就业歧视的相关规定。

> **小提示**
>
> 入职体检是面试后入职前不可缺少的一个环节。"恭喜你，你被我司录用！"这句话务必要等到收到体检报告并确认没有疑问的情况下才能说出。

内容四：健全体检审查制度

企业必须建立健全规范的体检制度（包括岗前、岗中、岗后），岗前体检即入职体检，入职体检要针对不同的岗位选择不同的体检项目，特别是职业病容易发生的岗位要做专门的职业病体检,以核实是否存在潜在的疾病和职业禁忌等。

(1)入职以前,不能涉嫌推断、歧视或侵犯个人隐私,一切用体检结果说话。

(2)在体检实施环节,企业要与医院配合互动,全程派人跟踪落实,避免替检现象发生。

(3)体检结果出来后要及时告知本人,并对体检结果进行保密,不符合录用条件的婉言谢绝。

企业建立健全完善的体检制度和体检流程是入职体检审查结果准确的基本保证。

第四节 发放录用通知书

【基本流程】

现如今,员工面试合格之后企业向被录用员工发出录用通知书已经成了招聘的常规流程,被录用者一般在收到录用通知书之后到企业办理入职并签订劳动合同。

发放录用通知书的流程如图 3-12 所示。

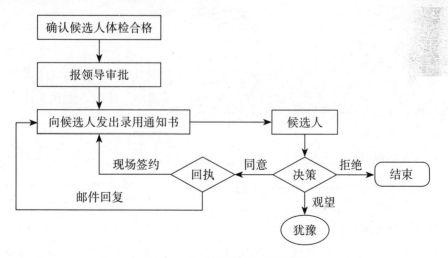

图 3-12 发放录用通知书的流程

【内容解读】

内容一：录用通知书包含的内容

一份完整的录用通知一般包括以下几项内容。

（1）职位基本信息：如职位名称、所在部门、职位等级等内容。

（2）薪资福利情况：如试用期规定、具体薪资构成（基本工资、绩效工资、年终奖等）、试用期薪资、福利状况等。

（3）报到事宜：如具体联系方式、报到时间和地点、报到需要带的资料等。

（4）其他说明：如回复录用通知书的形式、公司的培训与发展等补充说明。

> **小提示**
>
> 关键的录用条件、薪酬待遇等条款要清楚无歧义；不允许出现模棱两可的情况，否则就是存在失责行为。

下面提供一份录用通知的范本，仅供参考。

范本

录用通知

尊敬的_____先生/女士：

您好！很高兴通知您，根据您在应聘过程中的出色表现，经过公司慎重评估及审核，我公司决定正式录用您，我们真诚欢迎您加入！

以下是具体事宜。

一、入职部门：_____。

二、入职岗位：_____。

三、工作地点：_____。

四、劳动关系：

拟与您签订劳动合同期限____年，试用期____个月（可根据实习期表现申请提前转正），合同签约之日算起。

五、薪资情况：

1.试用期税前薪资_____元/月。

2. 合同期税前薪资_____元/月。

3. 年终奖根据当年公司营业情况，最少为____个月基本工资。

六、报到情况：

1. 报到时间：_____年____月____日（星期____）_____点。

2. 报到地点：_____。

3. 报到联系人：_____，联系电话_____。

4. 报到携带证件：

（1）身份证原件与复印件各一份。

（2）毕业证原件与学位证原件。

（3）与原单位解除劳动关系证明。

（4）1寸彩色免冠照片2张。

（5）××银行卡及复印件。

七、其他事项：

1. 在收到本录用通知后，如接受聘用，请于_____年____月____日前通过报到联系人电话回复接受本通知内容，并确定报到时间；如未在指定时间内回复，视为自动放弃。

2. 根据我公司管理制度有关规定，持不实证件者，公司有权无责任解除与您的劳动关系。

内容二：录用通知书发出的形式

作为一种正式的要约，一般要求录用通知能以书面并加盖企业公章（或人力资源部门公章）的形式发出。正规的公司，特别是一些外资企业，大多会以正式的信函方式发出录用通知，国内一些企业也有的是通过邮件发送录用通知。

小提示

求职者一旦收到了录用通知，按照要求予以回复（邮件答复，或签字回传等），代表认可并接受该录用通知。

内容三：录用通知书的法律效力

用人单位一般会将报到时间、地点、工作岗位、薪酬待遇等以录用通知书的形式告知录用者，当录用者收到并同意时，双方就劳动关系订立便达成合意。由于其性质属于要约关系，用人单位在向录用者发送录用通知书后，便不得随意撤回或撤销，否则将承担赔偿损失的责任。

1. 编制录用通知的注意事项

用人单位在编制录用通知时应慎重，并注意表3-1所示的四个方面。

表3-1 编制录用通知的注意事项

序号	注意事项	具体说明
1	录用通知可附生效条件	由于录用通知发送后不得随意撤回或撤销，因此用人单位可在录用通知中附以生效条件，避免由此产生的法律风险。用人单位可注明要求劳动者提供原单位离职证明、社保记录、体检报告等材料经审查合格，由双方签字盖章后生效。如可以事先在通知书中写明："本通知书有效的前提是个人提供的信息全部真实无讹，如发现有虚假陈述或与真实情况有出入，则本通知书不生效（或自动失效）。"
2	录用通知必备失效条款	为了应对实践中经常存在的应聘者提供虚假履历等情况，用人单位应在录用通知书中规定失效条款，并有权撤回或撤销录用通知，从而降低由此产生的法律风险
3	录用通知中应对岗位职责加以规定	用人单位应在录用通知中对岗位职责及录用条件或不符合录用的情形给予明确规定，并作为劳动合同的附件，以便对劳动者在试用期内是否符合录用条件及是否胜任工作进行考察
4	录用通知中应含有冲突条款	为了避免录用通知与劳动合同条款不一致而导致的风险，用人单位可对两者关系做出界定。由于劳动合同一般较录用通知更为完善，因此，用人单位可在录用通知中规定：录用通知在劳动合同签订后即失效，或两者不一致的以劳动合同为准

2. 录用通知的措辞要谨慎

《中华人民共和国民法典》（以下简称《民法典》）第四百七十六条规定："要约可以撤销，但是有下列情形之一的除外：（1）要约人以确定承诺期限或者其他形式明示要约不可撤销；（2）受要约人有理由认为要约是不可撤销的，并已经为履行合同做了合理准备工作。"因此，如果录用通知书写明"请于×月×日之前答复"或"请于×月×日之前办理报到"，则该要约不可撤销，用人单位只能等待对方的决定。因此，如果用人单位不能确保录用通知发出后不会有任何变化，就不要设置以上内容。

另外，如果录用通知里写明"请于×月×日之前办理报到"，则劳动者有权不经反馈即向原用人单位辞职和准备报到事宜。如果劳动者向原用人单位辞职后，用人单位发生变化不再聘用的，应当赔偿造成劳动者的工资及差旅等损失。鉴于该要约是不可撤销的，如果劳动者坚持要求报到上班，则其要求也可能被司法支持。

3. 明确录用通知书失效的情形

在制作和发出录用通知书时,应注意明确应聘者的承诺期限,即明确要求应聘者限期回复,否则公司有权取消该录用或招录他人。其次,明确约定应聘者未按约定报到的,视为违约,应承担相应的违约责任。

发放录用通知后却不同意入职

【案例背景】

王某原就职于北京某联盟品牌管理公司,任供应链总监一职。2019年9月10日,经某猎头公司推介,上海某企业管理公司邀请王某担任公司供应链副总裁职务。经多轮面试,该公司向王某寄发了录用通知书及薪酬福利通知函。

【案例分析】

其中,录用通知书载明了王某的职位、薪资福利、报到时间等。王某觉得满意,遂回复表示同意入职。随后王某辞去了原公司职务,前往上海,准备入职该公司。但令人意想不到的是,该公司以王某学历存在问题为由,提出延期入职。其后又以王某不符合录用条件为由,不再为其办理入职手续。王某无奈,只能寻求劳动仲裁部门救助。

根据《民法典》的规定,载有明确岗位信息、薪资待遇、报到时间的录用通知书,内容具体明确,应属要约。该公司向王某发出录用通知书,王某亦在规定时间内予以回复,该要约已因承诺而生效,双方就王某入职已达成合意,具有法律上的约束力。

【案例点评】

本案中,王某因履行该合意,辞去原任职岗位,系基于对该录用通知书的信赖,因此,该公司因自身原因不能履行订立劳动合同、办理入职手续的义务,构成违约,应赔偿王某因此遭受的全部经济损失。

第四章
入职引导

章前概述

　　明确有序的入职引导，可以帮助新员工更快地融入新环境，形成企业认可的工作态度、工作习惯，并为新员工将来的工作开展打下良好的基础。

思维导图

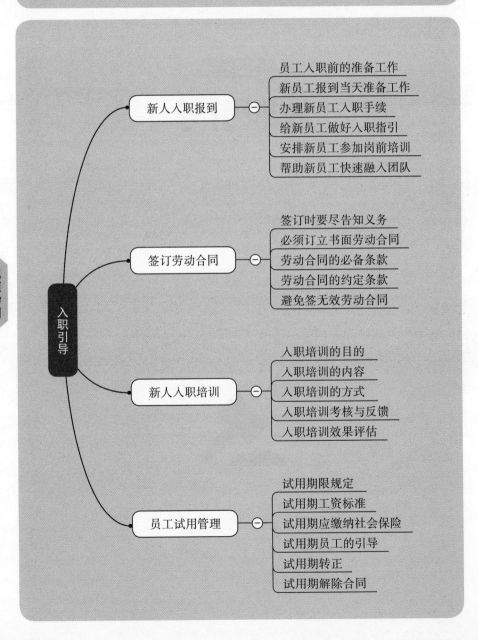

第一节 新人入职报到

【基本流程】

入职引导是指企业通过让新员工了解个人的岗位职责、要求,提供相关资源确保员工能够尽快胜任工作岗位的过程,将新员工顺利导入现有的组织结构和公司文化氛围之中,使其消除对新环境的陌生感,尽快进入工作角色。

新员工入职报到的基本流程如图 4-1 所示。

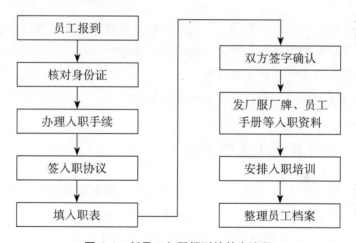

图 4-1 新员工入职报到的基本流程

【内容解读】

内容一:员工入职前的准备工作

新员工入职前 1～2 天,HR 应做好以下几项准备工作。

(1)整理报到人员个人资料,确定报到准确时间及方式。

(2)通知新报到人员应准备的物品,如本人学历证明及复印件、近期彩照、身份证及复印件、体检健康证明、工资发放银行卡等。

（3）做好新员工基本工作物件的发放准备，如《入职培训指南》《员工手册》等。

（4）通知用人部门领导人做好新员工入职引导工作，包括介绍本部门人员、工作相关指导、流程介绍及具体工作内容等。由新员工所在部门为其准备一位"入职引导人"。

（5）需要名片的部门，有新进员工时，事前须印制好名片。这样在上班后的拜会时可立即使用。

内容二：新员工报到当天准备工作

在录用者报到受理日前，HR可依事先制订好的受理计划表，再度确认受理程序。短时间内做好早会介绍程序的再确认、报到手续结束后的借用或分发物品的再检查。人力资源部作为受理负责部门，在当天一定要留意以下事项。

（1）当天要比平常提早到企业。因有些新进员工会早到企业，接受报到的人力资源部一定要有所应对。

（2）不要让新进员工徘徊失措，一定要准备好新进员工休息室。

（3）休息室里放置黑板，公布这一天的所有预定行程。

（4）休息室里可摆饰插花或盆景等。

（5）陪同新员工熟悉公司环境，介绍公司同事。

内容三：办理新员工入职手续

对于新员工的入职手续办理，每个企业都有自己的标准和流程，人力资源部门应安排专人按企业的规章制度做好新员工入职手续的办理。

下面提供一份××公司新员工入职管理规定的范本，仅供参考。

新员工入职管理规定

第一条 目的

规范员工入职与试用管理工作。

第二条 适用范围

适用于公司新员工及其试用期管理工作。

第三条　职责

1. 人力资源专员负责员工入职手续的具体办理工作。

2. 用人部门负责员工试用期间的督导、考核工作。

3. 人力资源主管负责员工入职手续办理的监督及试用期的考核工作。

4. 公司总经理负责员工入职录用转正的审批工作。

第四条　入职程序

1. 入职前

（1）行政人员及时为新员工配备办公资产及办公用品，填写"行政手续办理清单"，确定上班时间并录入打卡指纹。

（2）人力资源专员为新员工准备入职所需详细填写的资料和表单，扫描所需证件，所有资料放入员工档案袋统一归档。

2. 报到

（1）新员工首先到人力资源部报到，详细填写员工档案。提交"应聘简历表""员工信息采集表""人员聘用审批表"；提交免冠照片2张，身份证原件、学历证明原件以及相关职业资格证书等重要证件都要逐一扫描归档，同时提交与前一工作单位解除劳动关系的证明。

（2）人力资源部安排新员工到所属部门报到，由部门主管向新员工介绍导师及公司同事，导师为其安排座位、申领办公用品，并让新员工在"行政手续办理清单"上签字确认。

（3）部门主管与新员工进行交流，双方就岗位职责、职业规划等内容进行沟通。

（4）人力资源专员在考勤机上设置新员工个人信息（第二日开始考勤），并向新员工发放公司现有规章制度（电子版或纸质版），让其对公司有一个初步的认识和了解。

3. 入职后待办事项

（1）人力资源部将组织新员工入职培训，一般需要2～3人以上才组织，培训内容包括：公司介绍、公司企业文化、公司各项制度、公司组织架构、各部门职能与关系等。

（2）所在部门负责人安排对新员工进行岗位培训，培训内容包括：部门职能、岗位职责、岗位技能等。

（3）经过培训后员工正式上岗，人力资源部主管与部门主管确定入职员工试用期及转正后的工资等级，或由总经理面试时直接根据实际情况商谈，告知新员工，并签署"新员工薪资确认单"。

（4）新员工试用期为3～6个月。试用不合格者给予劝退处理。

4.转正评估

（1）员工试用期满，新员工将转正申请提交给行政人事部。

（2）人力资源部安排转正审核，填写"员工转正审批表"，所在部门经理对其专业技能、学习理解能力、反应沟通能力等进行评估，填写"员工试用期考核表"。

（3）总经理根据所在部门主管、人力资源部的评估意见对员工转正进行审批。

第五条 附则

1.本规定由人力资源部制定，解释权归人力资源部。

2.人力资源部有权根据实际情况对本规定进行修订。

3.本规定自颁布之日起开始执行。

20××年×月×日

附件：

行政手续办理清单						
	姓名		性别		部门	
行政部意见	（填写已领取的办公物资） 行政办公室意见： 新员工签字： 日期：					
备注	（1）行政办公室需按公司办公用品配备制度，准确和及时地为新员工配置办公用品，确保新员工入职后能够正常工作。 （2）此表填写完毕后需报行政人事部备案。					

新员工薪资确认单
____先生/女士： 　　欢迎您应聘本公司，根据公司《薪酬管理制度》的有关规定，现将您的薪资待遇确定如下：试用期岗位工资_____元，试用期满转正岗位基本工资_____元。试用期工资自_____年____月____日起开始计算。 　　　　　　　　　　　　　　　　　　　　　新员工确认签字： 　　　　　　　　　　　　　　　　　　　　　日期： 注：试用期不参与绩效考核，但享有公司福利津贴。

内容四：给新员工做好入职指引

（1）帮助新员工安排好工作准备事宜，包括办公座位、办公用品、姓名牌、名片、出入卡、内部通讯录、紧急联络表、电话设置、电脑设置（包括 E-mail 的申请开通）等。

（2）告知新员工需要用到的信息，如各部门的布局、常用电话、E-mail 使用指南、岗位设备的使用等。

（3）告知新员工公司茶水间、洗手间的位置，公司周边环境、交通线路，以及外卖是否送上门等，都可以跟员工提及，让新员工感受到 HR 的贴心。

（4）向全体员工介绍新员工及他的工作范围，向新员工介绍与他工作相关的人员。

（5）每位员工都或多或少有自己的小个性，一些相处注意事项也可以跟新员工提及以避免误会。

（6）直属上司的工作风格可以跟新员工提前说明，让新员工能尽早适应所属上司的工作方法。

内容五：安排新员工参加岗前培训

（1）让新员工了解公司业务、发展情况、未来发展战略等信息，增强荣誉感。

（2）编制好岗前培训教材，组织好岗前培训，比如一些公司人事管理制度、报销制度等规定都要在教材里明确，让其尽快地融入团队。

（3）让员工掌握工作中所需注意的规则与工具、业务线的基本要求和操作职守，使其快速适应工作职位的要求。

内容六：帮助新员工快速融入团队

（1）对新员工提出希望，给予足够的信任和支持。

（2）大力支持员工的职业规划。

（3）注意直接主管对新员工的影响。

（4）在一些集体活动中可以适当@一下新员工，鼓励其发言与参与其中，避免新员工成为公司小透明。

（5）在新员工入职一段时间后，召开新员工座谈会，加强与新员工沟通。

相关链接

HR做好新员工入职引导的小技巧

员工报到入职后,如何让其快速融入公司和团队,熟悉工作和生活环境呢?普遍认为,做好相应的入职引导是非常有必要的。一般来说,HR如能做好以下几点,也就做好了新员工的入职指导工作。

1. 迎接新员工

来到新的环境,陌生感让新员工产生的焦虑更加增大了他的压力。当新员工见到你时,如果你能够主动地给他以迎接,并以轻松高兴的语气叫出他名字的后两个字,他会一下子感到很轻松,很亲切。那么余下的时间,他会感到就像到了自己的家中一样。

2. 准备一个舒适的工作场所

当你把新员工带到他新的工作场所时,整齐、干净、舒适的工作场所会让他感到兴奋,如果工作场所很凌乱,人员很嘈杂,没有人理他,这样一方面会打击到他对于新工作岗位的兴奋感,同时也会让他感到很不被重视。

3. 介绍同事及工作环境

新员工对环境感到陌生,但如把他介绍给同事们认识,这种陌生感很快就会消失。当我们置身于未经介绍的人群中时,大家都将感觉困窘,而新员工同样地也感到尴尬,如果把他介绍给同事们认识,这个窘困就被消除了。友善地将公司环境介绍给新员工,使他消除对环境的陌生感,可协助其更快地进入状态。

4. 详细说明公司规章制度

对新员工介绍有关公司规章制度时,必须让他们感到对他们是公平的。假如对新员工解释规章时,让他们认为规章制度的存在处处在威胁他们,那他对他现在的工作,对公司必然不会有好的印象。所有公司的规章制度都有其制定的理由,应将这些理由清楚地告诉他们。假如把公司的规章制度制定的理由一开始就详细地告诉了新员工,他会认可规章制度的公正与重要性,更能增强新员工的稳定性。向新员工坦诚及周到地说明公司规章制度及其制定的理由,是HR的责任,这是建立劳资双方彼此谅解的关键步骤。

5. 建立联系

主动把所有同事的通讯录或者电子邮箱交给他,当然他的你也要记下,并告诉其他同事。

6. 陪他一起吃午饭

很难想象,到了中午休息时间,别人都一起结伴去吃午饭,而新员工却冷落一旁,不知所措。如果你没有时间,请安排一名你的得力助手去替你做这些事情。期间可以问下新员工的感受,以便工作的进一步调整。

7. 为他安排适当的工作及指导者

新员工到了一个新的工作环境,即感到兴奋、期待,同时也感到陌生、恐惧。新员工这时往往会手足无措,不知道自己该做什么,不该做什么,这时如果不加以引导,一方面会打消员工工作的积极性,另一方面新员工也会对工作产生怀疑。这时新员工最需要的是有人能告诉他:他该干些什么!

8. 详细介绍工资制度

新员工急欲知道以下问题:何时发放工资;上、下班时间;薪酬水平;各种福利津贴。

薪酬制度宣讲要具体,特别是薪酬水平,宣讲者对制度理解要透彻,要让新员工理解薪酬制度,减少甚至杜绝工资发放中的误解和纠纷。

9. 下班后与他谈话

新员工工作的第一天是最需要别人的评价的,特别是肯定的评价会让他在以后的工作中更加有激情和动力,那么在下班后不妨和他谈一下他今天的工作表现,哪些表现非常棒,就去表扬他,如果有问题,也要诚恳地提出来,他会非常乐意去接受的。

第二节 签订劳动合同

【基本流程】

录用员工并与员工签订劳动合同,是 HR 必不可少的一项工作,也是一项要求比较规范和严格的工作,如果操作不规范、不专业、不严谨,容易给企业带来劳动用工风险,产生劳动纠纷。

签订劳动合同的基本流程如图 4-2 所示。

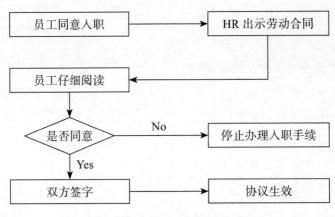

图 4-2　签订劳动合同的基本流程

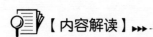【内容解读】

内容一：签订时要尽告知义务

《劳动合同法》第八条规定了企业与员工的如实告知义务。所谓如实告知义务，是指在企业招用员工时，企业与员工应将双方的基本情况如实向对方说明的义务。告知应当以一种合理并且适当的方式进行。

1. 企业的告知义务

企业应如实告知图 4-3 所示的内容，这些内容是法定且无条件的，无论员工是否提出知悉要求，企业都应当主动如实向员工说明。

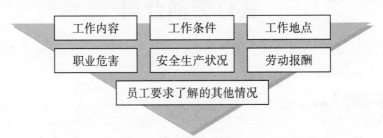

图 4-3　企业应告知的内容

对于员工要求了解的其他情况，如企业相关的规章制度，包括企业内部的各种劳动纪律、规定、考勤制度、休假制度、请假制度、处罚制度以及企业内已经签订的集体合同等，企业都应当进行详细的说明。

2.员工的告知义务

员工的告知义务是附条件的,只有在企业要求了解员工与劳动合同直接相关的基本情况时,员工才有如实说明的义务。员工与劳动合同直接相关的基本情况,包括健康状况、知识技能、学历、职业资格、工作经历以及部分与工作有关的员工个人情况,如家庭住址、主要家庭成员构成等。

企业与员工双方都应当如实告知另一方真实的情况,如果一方向另一方提供虚假信息,将有可能导致劳动合同无效。如员工向企业提供虚假学历证明、企业未如实告知工作岗位存在患职业病的可能等,都属于《劳动合同法》规定的采取欺诈手段订立劳动合同,该劳动合同无效。

内容二:必须订立书面劳动合同

1.订立劳动合同应当采用书面形式

劳动合同作为明确劳动关系双方当事人权利和义务的协议,有书面形式和口头形式之分。

《劳动法》和《劳动合同法》明确规定,劳动合同应当以书面形式订立。用书面形式订立劳动合同严肃慎重、准确可靠、有据可查,一旦发生争议便于查清事实、分清是非,也有利于主管部门和劳动行政部门进行监督检查。另外,书面劳动合同能够加强合同当事人的责任感,促使合同所规定的各项权利与义务能够得到全面履行。

2.未在建立劳动关系时订立书面劳动合同的情况处理

对于已经建立劳动关系,但没有同时订立书面劳动合同的情况,要求企业与员工自用工之日起一个月内订立书面劳动合同。

①根据《劳动合同法》第十四条的规定,企业自用工之日起满一年不与员工订立书面劳动合同的,视为企业与员工已订立无固定期限劳动合同。

②企业未在用工的同时订立书面劳动合同,与员工约定劳动报酬不明确的,新招用员工的劳动报酬应当按照企业或者行业集体合同规定的标准执行;没有集体合同或者集体合同未做规定的,企业应当对员工实行同工同酬。

③企业自用工之日起超过一个月但不满一年未与员工订立书面劳动合同的,应当向员工支付两倍的月工资。

3.先订立劳动合同后建立劳动关系的情况

现实中也有一种情况,即企业在招用员工进入工作岗位之前先与员工订立了劳动合同。对于这种情况,其劳动关系从用工之日起建立,其劳动合同期限、劳动报酬、试用期、经济补偿金等均从用工之日起计算。

员工入职拒签劳动合同，怎么办

【案例背景】

小莫于2020年7月1日应聘到某公司担任一线操作工人。当时公司订单较多，小莫入职后直接上岗工作。半个月后，公司HR通知小莫签订书面的劳动合同，然而其借故推迟。三天后，HR再次通知小莫签订劳动合同，可是他依然找各种理由给予拒绝。HR在与车间主管商议，并向领导汇报之后，于7月20日，公司以小莫拒签劳动合同为由，将其辞退。

小莫离职后，找到HR，认为工厂无故辞退自己，要求赔偿，被HR断然拒绝。随后，小莫向当地劳动争议仲裁委提出仲裁申请，要求公司支付其赔偿金。

仲裁委在审理后，做出了不支持小莫仲裁申请的裁决。

【案例分析】

《劳动合同法》第十条规定，建立劳动关系，应当订立书面劳动合同。已建立劳动关系，未同时订立书面劳动合同的，应当自用工之日起一个月内订立书面劳动合同。《劳动合同法》第八十二条同时规定，用人单位自用工之日起超过一个月不满一年未与劳动者订立书面劳动合同的，应当向劳动者每月支付二倍的工资。

由此可见，用人单位未在合理时间内与职工订立劳动合同的，需要承担支付双倍工资的风险。

根据《中华人民共和国劳动合同法实施条例》第五条规定，自用工之日起一个月内，经用人单位书面通知后，劳动者不与用人单位订立书面劳动合同的，用人单位应当书面通知劳动者终止劳动关系，无需向劳动者支付经济补偿，但是应当依法向劳动者支付其实际工作时间的劳动报酬。

本案中，该公司与小莫的劳动关系自7月1日起建立，公司应当在8月1日前与该职工签订书面劳动合同。但双方没有签订劳动合同是劳动者本人原因造成的，因此在用工之日起一个月内，工厂终止与该职工的劳动关系，此举不属于违法解除劳动合同，不需要支付赔偿金，只需按照相关约定支付职工实际工作期间的工资即可。

【案例点评】

用人单位应自用工之日起一个月内及时书面通知并与劳动者签订书面劳动合

同，如劳动者故意不签订，用人单位需要固定证据。自用工之日起一个月内，如果劳动者拒绝签订书面劳动合同，用人单位应当及时依法终止与劳动者的劳动关系，以防遭受支付双倍工资的法律风险。

面对员工拒签劳动合同时，HR 要做到如下两条。

第一，及时发现苗头，然后果断地在一个月内终止与其的劳动关系。

第二，收集、固定好员工拒签劳动合同的证据，防止职场碰瓷，降低企业风险。

内容三：劳动合同的必备条款

《劳动合同法》第十七条明确规定，劳动合同应当具备图 4-4 所示的条款。

01　用人单位的名称、住所和法定代表人或者主要负责人

02　劳动者的姓名、住址和居民身份证或者其他有效身份证件号码

03　劳动合同期限

04　工作内容和工作地点

05　工作时间和休息休假

06　劳动报酬

07　社会保险

08　劳动保护、劳动条件和职业危害防护

09　法律、法规规定应当纳入劳动合同的其他事项

图 4-4　劳动合同的必备条款

1. 用人单位的名称、住所和法定代表人或者主要负责人

明确劳动合同中企业一方的主体资格，确定劳动合同的当事人。

2. 劳动者的姓名、住址和居民身份证或者其他有效身份证件号码

明确劳动合同中员工一方的主体资格，确定劳动合同的当事人。

3. 劳动合同期限

劳动合同期限可分为固定期限、无固定期限和以完成一定工作任务为期限。

4. 工作内容和工作地点

工作内容是指工作岗位和工作任务或职责。这一条款是劳动合同的核心条款之一，是建立劳动关系时极为重要的因素。劳动合同中的工作内容条款应当规定得明确具体，便于遵照执行。

工作地点是指劳动合同的履行地，是员工从事劳动合同中所规定工作内容的地点。它关系到员工的工作环境、生活环境以及员工的就业选择，员工有权在与企业建立劳动关系时知悉自己的工作地点，所以这也是劳动合同中必不可少的内容。

5. 工作时间和休息休假

工作时间是指员工在企业、事业、机关、团体等单位中，必须用来完成其所担负工作任务的时间。一般由法律规定员工在一定时间内（工作日、工作周）应该完成的工作任务，以保证最有效地利用工作时间，不断提高工作效率。这里的工作时间包括工作时间的长短、工作时间方式的确定，如是8小时工作制还是6小时工作制，是日班还是夜班，是正常工时还是实行不定时工作制，或者是综合计算工时制。工作时间的不同，对员工的就业选择、劳动报酬等均有影响，因此成为劳动合同不可缺少的内容。

休息休假时间是指企业、事业、机关、团体等单位的员工按规定不必进行工作，而自行支配的时间。休息休假的权利是每个国家的公民都应享受的权利。休息休假的具体时间根据员工的工作地点、工作种类、工作性质、工龄长短等各有不同，企业与员工在约定休息休假事项时应当遵守《劳动法》及相关法律法规的规定。

6. 劳动报酬

劳动报酬主要包括以下七个方面。

（1）企业工资水平、工资分配制度、工资标准和工资分配形式。

（2）工资支付办法。

（3）加班、加点工资及津贴、补贴标准和奖金分配办法。

（4）工资调整办法。

（5）试用期及病、事假等期间的工资待遇。

（6）特殊情况下职工工资（生活费）支付办法。

（7）其他劳动报酬分配办法。劳动合同中有关劳动报酬条款的约定，要符合我国有关最低工资标准的规定。

7. 社会保险

社会保险一般包括医疗保险、养老保险、失业保险、工伤保险和生育保险。社会保险由国家强制实施，因此成为劳动合同不可缺少的内容。

8. 劳动保护、劳动条件和职业危害防护

（1）劳动保护。劳动保护是指企业为了防止劳动过程中的安全事故，采取各种措施来保障员工的生命安全和健康。在劳动生产过程中，存在着各种不安全、不卫生因素，如不采取措施加以保护，将会发生工伤事故。

比如，矿井作业可能发生瓦斯爆炸、冒顶、片帮、水火灾害等事故；建筑施工可能发生高空坠落、物体打击和碰撞等。所有这些都会危害员工的安全健康，妨碍工作的正常进行。

国家为了保障员工的身体安全和生命健康，通过制定相应的法律和行政法规、规章，规定劳动保护。企业也应根据自身的具体情况，规定相应的劳动保护规则，以保证员工的健康和安全。

（2）劳动条件。劳动条件主要是指企业为使员工顺利完成劳动合同约定的工作任务，为员工提供的必要的物质和技术条件。

比如，必要的劳动工具、机械设备、工作场地、劳动经费、辅助人员、技术资料、工具书以及其他一些必不可少的物质、技术条件和其他工作条件。

（3）职业危害防护。职业危害是指企业的员工在职业活动中，因接触职业性有害因素如粉尘、放射性物质和其他有毒、有害物质等而对生命健康所引起的危害。根据《职业病防治法》第三十三条的规定，用人单位与劳动者订立劳动合同时，应当将工作过程中可能产生的职业病危害及其后果、职业病防护措施和待遇等如实告知劳动者，并在劳动合同中写明，不得隐瞒或者欺骗。

9. 法律、法规规定应当纳入劳动合同的其他事项

如劳动合同终止的条件、违反劳动合同的责任等。

内容四：劳动合同的约定条款

《劳动合同法》第十七条第二款规定："劳动合同除前面规定的必备条款外，用人单位与劳动者可以约定试用期、培训、保守秘密、补充保险和福利待遇等其他事项。"这一规定明确了劳动合同的约定条款。

1. 有关试用期的约定

有关试用期的约定详见本章第四节员工试用管理。

2. 有关培训的约定

企业可以在劳动合同里就为员工提供专项培训费用而约定服务期的问题做出规定。

（1）约定服务期的培训需具备的条件。企业可以与应聘者订立协议，约定服务期的培训，但这须符合法律规定的严格条件。具体如图4-5所示。

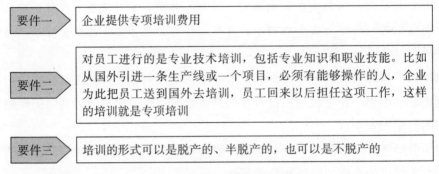

图4-5 约定服务期的培训要件

（2）违约金的约定。企业与员工要依法约定违约金，主要包含两层意思，如表4-1所示。

表4-1 企业与员工依法约定违约金的含义

序号	含义	具体说明
1	违约金是劳动合同双方当事人约定的结果	员工违反服务期约定的，应当按照约定向企业支付违约金，体现了合同中的权利、义务对等原则。所谓对等，是指享有权利的同时就应承担义务，而且，彼此的权利与义务是相应的。这要求当事人所取得财产、劳务或工作成果与其履行的义务大体相当
2	企业与员工约定违约金时不得违法	违反服务期约定的违约金数额不得超过企业提供的培训费用。违约时，员工所支付的违约金不得超过服务期尚未履行部分所应分摊的培训费用

（3）关于服务期的年限。《劳动合同法》并没有对服务期的年限做出具体规定。所以说，服务期的长短可以由劳动合同双方当事人协议确定。但是，企业在与员工协议确定服务期年限时要遵守图4-6所示的两点。

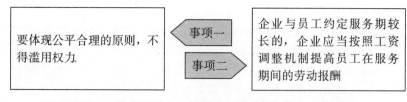

图 4-6　企业在与员工协议确定服务期年限应遵守的事项

3. 有关保守秘密的约定

商业秘密是不为大众所知悉、能为权利人带来经济利益、具有实用性并经权利人采取保密措施的技术信息和经营信息。在激烈的市场竞争中,任何一个企业生产经营方面的商业秘密都十分重要。

在市场经济条件下,企业用人和员工选择职业都有自主权。有的员工因工作需要,了解或掌握了本企业的技术信息或经营信息等资料。如果企业事先不向员工提出保守商业秘密、承担保密义务的要求,有的员工就有可能带着企业的商业秘密另谋职业,通过擅自泄露或使用原企业的商业秘密以谋取更高的个人利益。如果没有事先约定,企业往往难以通过法律讨回公道,从而使企业遭受重大经济损失。

因此,企业可以在合同中就保守商业秘密的具体内容、方式、时间等与员工约定,防止自己的商业秘密被侵占或泄露。

4. 有关竞业限制的约定

竞业限制的实施客观上限制了员工的就业权,进而影响了员工的生存权,因此其存在仅能以协议的方式确立。比如,竞业限制的范围、地域、期限由企业与员工约定。尽管企业因此支付一定的代价,但一般而言,该代价不能完全弥补员工因就业限制而遭受的损失。因此,为了保护员工的合法权益,《劳动合同法》第二十四条在强调约定的同时,对竞业限制进行了必要的约定,具体如表 4-2 所示。

表 4-2　竞业限制的必要约定

序号	约定内容	具体说明
1	人员	竞业限制的人员限于企业的高级管理人员、高级技术人员和其他知悉企业商业秘密的人员。实际上知悉企业商业秘密和核心技术的人员,不可能是每个员工。对每人给一份经济补偿金,企业也无力承受
2	范围	竞业限制的范围要界定清楚。由于竞业限制了员工的劳动权利,竞业限制一旦生效,员工要么改行要么赋闲在家,因此不能任意扩大竞业限制的范围。鉴于商业秘密的范围可大可小,如果任由企业来认定,有被扩大的可能。原则上,竞业限制的范围、地域应当以能够与企业形成实际竞争关系的范围、地域为限

续表

序号	约定内容	具体说明
3	权益	竞业限制的实施必须以正当利益的存在为前提，必须是保护合法权益所必需。首先是存在竞争关系，最重要的是不能夸大商业秘密的范围，员工承担义务的范围不能被无限制地扩张，以致损害员工的合法权益
4	期限	在解除或者终止劳动合同后，受竞业限制约束的员工不得到与本企业生产或者经营同类产品、从事同类业务的有竞争关系的其他企业，或者自己开业生产或者经营与本企业有竞争关系的同类产品、从事同类业务的期限不得超过两年

5. 有关福利待遇的约定

（1）薪资奖金调整的约定。《劳动合同法》第三十五条规定，变更合同约定内容需要企业与员工协商一致并以书面方式进行，因此调整薪资并不是企业单方说了算。除非有法定理由，否则降低薪资需要员工同意。

这在一定程度上限制了企业的用工管理自由，企业必须做出必要的安排才能达到奖优罚劣的目的。

企业在劳动合同里可以把变更合同转换为履行合同的行为，比如约定奖金随个人绩效浮动的方法，或者薪资在一定条件下自动调整的方法。这样约定后，将来的薪资调整不再是变更合同的行为，而是如约履行合同。其合法性的前提是得到双方事先的一致同意，是双方合意的安排。

（2）薪资随岗位调整的约定。以合法理由调整岗位时是否可以同时调整薪资，法律并没有明确的规定。有些人认为可以，有些人认为不可以。认为可以的理由是同工同酬，认为不可以的理由是变更合同需要协商一致书面确定。无论如何，这是个法律规定的模糊地带，企业可以在劳动合同里进行适当填补。劳动合同可以约定，企业在合理调整员工的岗位时，有权相应地调整薪资，其薪资按照新岗位标准执行。

内容五：避免签无效劳动合同

无效的劳动合同是指由当事人签订成立而国家不予承认其法律效力的劳动合同。一般情况下，合同一旦依法成立，就具有法律约束力，但是无效合同即使成立也不具有法律约束力，不发生履行效力。

导致劳动合同无效的原因有图4-7所示的四个方面。

第四章 入职引导

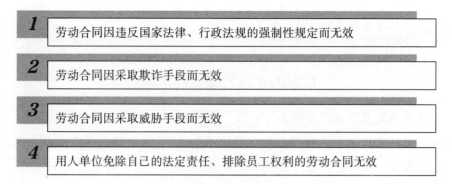

图 4-7 劳动合同无效的原因

1. 劳动合同因违反国家法律、行政法规的强制性规定而无效

（1）用人单位和员工中的一方或者双方不具备订立劳动合同的法定资格，如签订劳动合同的员工一方必须是具有劳动权利能力和劳动行为能力的公民。企业与未满十六周岁的未成年人订立的劳动合同就是无效的劳动合同（国家另有规定的除外）。

（2）劳动合同的内容直接违反法律、法规的规定，如员工与矿山企业在劳动合同中约定的劳动保护条件不符合《中华人民共和国矿山安全法》的有关规定，他们所订立的劳动合同是无效的。

（3）劳动合同因损害国家利益和社会公共利益而无效。《民法通则》第五十八条第五项确立了社会公共利益的原则，违反法律或者社会公共利益的民事行为无效。

2. 劳动合同因采取欺诈手段而无效

（1）在没有履行能力的情况下签订合同。如根据劳动法的规定，从事特种作业的员工必须经过专门培训并取得特种作业资格。应聘的员工并没有这种资格，提供了假的资格证书。

（2）行为人负有义务向他方如实告知某种真实情况而故意不告知的。

3. 劳动合同因采取威胁手段而无效

威胁是指当事人以将要发生的损害或者以直接实施损害相威胁，一方迫使另一方处于恐怖或者其他被胁迫的状态而签订劳动合同，可能涉及生命、身体、财产、名誉、自由、健康等方面。

4. 用人单位免除自己的法定责任、排除员工权利的劳动合同无效

劳动合同简单化，法定条款缺失，仅规定员工的义务，有的甚至规定"生老病死都与企业无关""用人单位有权根据生产经营变化及员工的工作情况调整其工作岗位，员工必须服从单位的安排"等霸王条款。

相关链接

常见的无效劳动合同条款

一、违法约定员工承担违约金

比如，合同期未满员工提前离职，需支付违约金；合同期内员工违反制度单位辞退，员工需要支付违约金；员工离职未提前30天提出，需支付违约金等。

根据《劳动合同法》规定，除了竞业限制、保密协议以及服务期协议外，单位不得约定由劳动者承担违约金。如果合同中违法约定了违约金，劳动者无需履行，已经履行的可以要求单位返还，单位强制从工资里扣除的，应属未及时足额支付工资，员工可要求相应经济补偿。

二、违法约定社会保险

比如，约定员工自愿放弃缴纳社保、转正后才缴纳社保、达到一定职级或工作一定年限才缴纳社保、单位缴费由员工承担等。

为员工缴纳社会保险是用人单位的法定义务，具有强制性，不得以双方的约定予以排除。《社会保险法》第五十八条规定，用人单位应当自用工之日起三十日内为其职工向社会保险经办机构申请办理社会保险登记。用人单位未依法为劳动者缴纳社会保险，员工可以要求补缴，并且还能以此提出离职，要求经济补偿。

三、约定违反操作规程发生工伤概不负责

员工因工受伤是否属于工伤，应当由社会保险部门根据《工伤保险条例》规定进行认定。在工伤认定中，无论员工是否存在过错，认定为工伤后就应当享有工伤保险待遇，单位未给员工缴纳工伤保险，应该由单位全额承担，不因员工违纪而改变。

当劳动者产生工伤后，单位以此约定拒绝申请工伤认定，员工可以在事故发生一个月后自行申请认定，这一个月内所产生的医疗费用，工伤保险不报销，由单位承担。

四、违法约定试用期

比如，试用期内工资过低、试用期过长、"试岗"没有工资、多次约定试用期、试用期内单位可无条件解除合同等。

根据《劳动合同法》相关规定，同一用人单位只能与劳动者约定一次试用期，试用期工资不得低于转正工资的80%。试用期长短根据劳动合同期限决定，劳动合同期限一年，试用期最多约定一个月，劳动合同期限三年以上，劳动合同最多约定6个月。

因此，用人单位不能证明员工试用期内不符合录用条件，而无条件解除，属违法解除，员工可以要求支付赔偿金。

五、约定造成损失，员工照价全额赔偿

用人单位在生产经营过程中所造成的损失也是经营风险的一部分，劳动者提供

劳动，经营收益归于用人单位，要劳动者承担全额的赔偿，则显然收益与风险不对称，此于劳动者而言为不合理、不公平。

实践中，在劳动者故意或存在重大过错的情形下，单位可以要求员工承担全部或部分损失，但合同中约定，只要造成损失就全额赔偿，是不合理的。用人单位以此约定强制从员工工资中扣除损失，造成未及时足额支付劳动报酬，员工可以要求支付，并要求经济补偿。

六、约定员工离职需提前三个月申请

根据《中华人民共和国劳动合同法》规定，劳动者提前三十日以书面形式通知用人单位，可以解除劳动合同。劳动者在试用期内提前三日通知用人单位，可以解除劳动合同。

注意是书面形式通知，并非申请，无需用人单位同意。即使劳动者离职未在前三十日内通知单位，单位克扣员工工资也是违法的，只能举证员工离职所造成的损失，以要求员工赔偿。

七、约定单位可以随时无条件调岗

用人单位根据经营发展以及员工能力、表现，调整员工的职务和工作岗位、工作地点，属于单位的用工自主权。但单位调岗需要具备合理性，对员工调岗不能存在惩罚性、侮辱性，不能降低员工的薪资待遇，不能给员工生活造成不便，并且要有协商的过程。

《劳动合同法》第三十五条用人单位与劳动者协商一致，可以变更劳动合同约定的内容。用人单位不合理的调岗安排，员工可以拒绝，单位以此为由辞退员工，属违法解除，员工可以要求单位支付赔偿金。

八、单位提供的内部培训，约定服务期

《劳动合同法》第二十二条规定，用人单位为劳动者提供专项培训费用，对其进行专业技术培训的，可以与该劳动者订立协议，约定服务期。这里的提供专项培训费用，指的是单位出钱，让员工到外面行进专项技能培训，企业的内部培训不属于此情形，单位不能约定服务期和违约金。

第三节 新人入职培训

【基本流程】

入职培训是企业人力资源开发的重要手段，是现代组织人力资源管理的重要组成

部分，实施员工入职培训有利于提高员工的个人素质和工作能力，从而提高组织的整体水平和工作效率。

新员工入职培训的流程如图4-8所示。

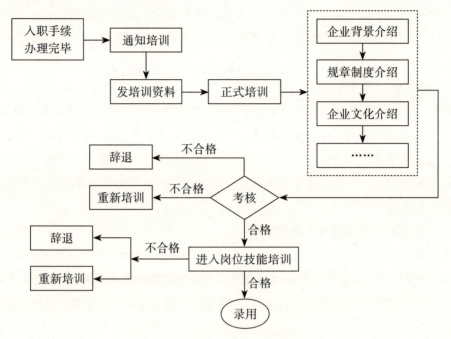

图4-8 新员工入职培训的流程

【内容解读】

内容一：入职培训的目的

由企业人力资源部组织的新员工入职培训，主要是帮助新员工快速适应并融入新的环境，并有效地开展工作。一般来说，新员工入职培训的目的大致有图4-9所示的几个方面。

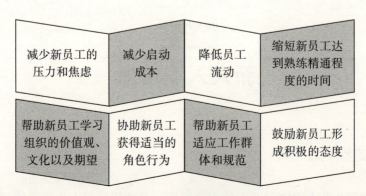

图4-9 入职培训的目的

内容二：入职培训的内容

每家企业在进行入职培训的时候，都希望能使员工更快地熟悉企业的运作、了解自己将要做什么、如何才能符合组织的要求等。因此，HR在新员工入职培训过程中可以设计如表4-3所示的入职培训内容。

表4-3 新员工入职培训的内容

序号	培训内容	具体说明
1	企业认知培训	主要包括企业概况、企业主要管理者介绍、企业制度、员工守则、企业文化宣讲等内容，学习的方式实行集中入职培训，并由公司的管理者和人力资源部门主讲
2	职业素质培训	对员工进行职业素质培训是为了使新员工尤其是刚走出校门的学生完成角色转换，成为一名职业化的工作人员。其内容主要包括：社交礼仪、人际关系、沟通与谈判、科学的工作方法、职业生涯规划、压力管理与情绪控制、团队合作技能等
3	岗位技能培训	针对岗位要求和岗位技能的员工入职培训，一般由用人部门的负责人主讲，主要是让员工明确接下来自己要从事什么样的工作，要把这个工作做好需要准备什么

内容三：入职培训的方式

入职培训主要分为集中培训和岗位培训两种方式。

1. 集中培训

将所有新员工集中在一起，进行基本知识的培训，主要以公司内部讲师授课为主。

2. 岗位培训

针对新员工各自岗位，由相关人员进行指导，并进行模拟操作和演练，使新员工尽快掌握本岗位知识，做到应知应会。

> **小提示**
>
> 集中培训与岗位培训应根据实际情况开展。岗位培训应在员工入职三天内展开；集中培训可根据职工入职集中度进行调整，原则上应一年至少开展一次。

内容四：入职培训考核与反馈

1. 培训考核

培训考核分为基础知识考核与专业知识考核两个部分。

（1）基础知识考核由企业人力资源部门组织，在企业集体培训完成后三日内进行。基础知识考核以试卷形式为主，主要为"基本知识"的相关内容，以及企业内各单元共通流程等。

（2）专业知识考核由业务部门自行组织，在新员工入职后一个月内完成。专业知识考核可以以试卷、实务操作等多种方式开展，重点考察新员工对岗位基础知识和基本流程的掌握情况。

2. 反馈

（1）考核结果应以书面通知形式反馈至员工个人，并计入员工档案，作为员工考察的重要资料留存，相关部门应及时就员工的疑议给予答复。

（2）对基础考核不及格的员工，应及时了解相关情况，并决定是否对其采取补考、重新培训、劝退。

（3）对专业考核不及格的员工，应由部门负责人对其进行约谈，掌握原因，并决定是否重新培训或劝退。

（4）考核完成后，应向员工发放无记名调查问卷，对培训内容的合理性、吸引力等进行及时的评估，作为培训不断优化调整的重要参考。

内容五：入职培训效果评估

为了保障入职培训效果，提高入职培训管理水平，HR应密切关注入职培训的质量，特别是从入职培训目标出发去跟踪其成效，应该对新员工入职培训的各个环节都进行评估，利用入职培训前评估，保证入职培训需求的科学性，确保入职培训计划与实际需求的合理衔接。

一般来说，入职培训效果评估的好处如图4-10所示。

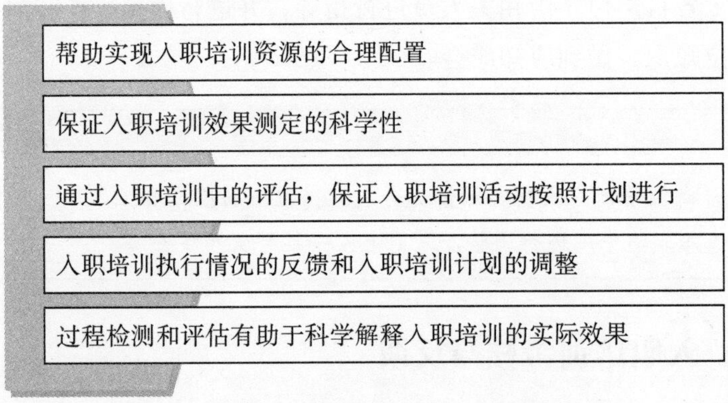

帮助实现入职培训资源的合理配置
保证入职培训效果测定的科学性
通过入职培训中的评估，保证入职培训活动按照计划进行
入职培训执行情况的反馈和入职培训计划的调整
过程检测和评估有助于科学解释入职培训的实际效果

图4-10 入职培训效果评估的好处

一般来讲，经过有效培训，新员工都能逐渐地认可公司，并很快地进入工作角色。不过，在实践中，一些企业的新员工培训内容充实，形式多样，但效果却不尽如人意。问题出在哪里？主要原因是效果评估环节出了问题。因此，培训评估工作要做好，HR必须注意图4-11所示的几个方面。

事项一 培训一定要考核，且要有淘汰机制

没有考核、没有淘汰机制的培训，会使新员工没有学习压力，容易得过且过，甚至滥竽充数

事项二 分阶段进行培训效果评估

不能等到培训最后，才知道培训的效果不理想。分段进行效果评估，不合格者还可以进行补充培训

事项三 培训效果评估要全面

可以从公司级培训、车间/公司业务培训、专业课、实习等几个维度（按照实际需要赋予不同的权重）进行评估

事项四 评估的方式可灵活多变

前期可多采用反应评估，了解新员工对培训的满意度；后期可多采用学习评估，通过笔试、现场操作、模拟演示等方式了解新员工对知识、技能的掌握程度。必要时还可采用行为评估，即了解培训后的新员工在工作上应用的行为状况等

图 4-11 入职培训评估的注意事项

第四节

员工试用管理

【基本流程】

试用期是企业与劳动者双向选择的时间段，对企业来说相对解除成本较低，所以企业一定要做好试用期管理，有效评估所招聘的员工是否符合招聘预期。

员工试用期管理流程如图 4-12 所示。

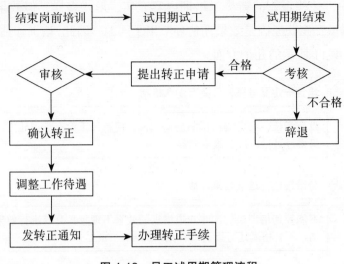

图 4-12　员工试用期管理流程

【内容解读】

内容一：试用期限规定

《劳动合同法》第十九条有如下规定：

"劳动合同期限三个月以上不满一年的，试用期不得超过一个月；劳动合同期限一年以上不满三年的，试用期不得超过二个月；三年以上固定期限和无固定期限的劳动合同，试用期不得超过六个月。

同一用人单位与同一劳动者只能约定一次试用期。

以完成一定工作任务为期限的劳动合同或者劳动合同期限不满三个月的，不得约定试用期。

试用期包含在劳动合同期限内。劳动合同仅约定试用期的，试用期不成立，该期限为劳动合同期限。"

因此，企业是不能超标准约定试用期的，超过法定部分的无效，企业还有可能面临行政处罚和赔偿金，违法约定试用期已履行的，按照试用期满月工资为标准，按违法月数向劳动者支付补偿金。

试用期的延长是存在一定法律风险的，企业延长试用期必须和员工协商一致。因此在延长试用期时，图 4-13 所示的几点需要引起用人单位注意。

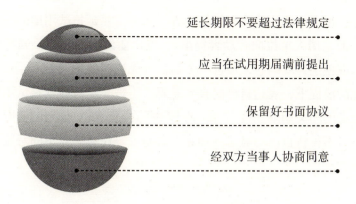

图 4-13　延长试用期的注意事项

1. 延长期限不要超过法律规定

试用期的延长不要超过法律规定的期限，这是延长试用期的前提。如果超过法律规定的期限，即使企业有与员工协商一致的书面协议，发生争议时，仍然会被裁定违法，承担相应法律责任。

2. 应当在试用期届满前提出

其一，劳动合同双方当事人任何一方认为需要延长试用期的，必须在劳动合同生效后、在试用期届满前提出。前者是提出延长试用期的存在要件，只有在劳动合同生效后，双方已经约定了试用期限，并在此基础上提出延长试用期的意向，后者是提出延长试用期的合法要件，必须在试用期届满前提出，如果试用期届满再提出延长试用期，为二次约定试用期，违反《劳动合同法》强制性规定。

其二，用人单位与劳动者订立劳动合同，双方约定无试用期的，在用工之日前，双方当事人任何一方均可向对方提出增加试用期的意向；用工之后，则不得再提出增加试用期，如前所述，约定试用期并非法律强制性规定，用人单位开始用工后，表示放弃了对劳动者进行试用的权利，不得再向劳动者提出增加试用期。

3. 保留好书面协议

因延长试用期属于对劳动合同的变更，如果缺少员工的书面签字，将变成企业的单方行为，若员工日后提起仲裁，或对此产生争议，企业仍然难逃违法的法律风险。

4. 经双方当事人协商同意

《劳动合同法》第三十五条规定："用人单位与劳动者协商一致，可以变更劳动合同约定的内容。"可见，变更劳动合同是法律赋予合同双方当事人的权利，是授权性规范，并非法律强制性规定。

在实务中，用人单位和劳动者任何一方，认为需要延长试用期的，均可以向对方提出意向（一般是用人单位向劳动者提出），发出要约，对方在接到要约后，做出相关意思表示，或拒绝，或同意，或进一步协商，无论哪种意思表示，双方当事人都应当在完全自愿的前提下，表达自己的真实意思。需进一步协商延长试用期的，双方当事人应当就延长的相关期限、待遇等，依照平等自愿、诚实信用的原则，进行充分的沟通，任何一方不得将自己的意思强加在对方身上。任何一方不同意延长的，另一方不得单方面延长。

内容二：试用期工资标准

《劳动合同法》第二十条规定，劳动者在试用期的工资不得低于本单位相同岗位最低档工资或者劳动合同约定工资的百分之八十，并不得低于用人单位所在地的最低工资标准。

由此看来，企业在试用期发放的工资并不是随意决定的，必须要符合图4-14所示的两个标准。

图4-14 企业在试用期发放工资要符合的标准

为了避免企业在试用期支付给员工的工资过高，针对《劳动合同法》第二十条的规定，企业可进一步细分公司岗位，通过制定具体详细的职位等级和工资等级来避免相应的法律风险，另外还可就奖金或绩效工资等通过绩效考核按月确定，在劳动合同上只约定基本工资，这样就为企业在以后相应的纠纷中争取了主动。

内容三：试用期应缴纳社会保险

【情景导读】

2020年6月，小刘被某食品公司录取，入职后公司告知小刘试用期三个月，每月工资8000元，试用合格后公司才为其办理社会保险。小刘当时找工作心切，就答应了公司的要求。入职一个月之后，小刘发现公司的做法不妥，就与公司沟通希望能够及时缴纳社会保险。但是公司坚持认为试用期未满，拒绝为小刘缴纳社保。无奈，小刘以公司未缴纳社会保险费为由提出解除劳动关系，并向公司邮寄了书面解除劳动关系通知书。后小刘通过仲裁及诉讼程序要求该食品公司支付解除劳动关系经济补偿金。

  法院经过审理后认为，及时为员工缴纳社会保险是用人单位的法定义务。在小刘与食品公司建立劳动关系后，食品公司未能及时为小刘缴纳社会保险，存在不履行法定义务的行为。小刘以食品公司未依法为其缴纳社会保险费为由书面提出解除劳动关系依据合法。最后，法院判决食品公司按照小刘的工作年限及工资标准支付小刘解除劳动关系经济补偿金4000元。

  《劳动合同法》第十九条明确规定，试用期包含在劳动合同期限内。《劳动法》第七十二条也明确规定，用人单位和劳动者必须依法参加社会保险，缴纳社会保险费。因此一旦企业与员工建立劳动关系，签订了劳动合同，就要依法为员工缴纳社会保险。

  实践中很多企业以劳动者处于试用期为由，拒绝为劳动者缴纳社会保险，而是要等到劳动者转正后才开始办理社会保险。但是，试用期劳动者在享受社会保险方面与试用期满的劳动者是一致的，不应当差别对待，只要员工入职，用人单位就应当为劳动者缴纳社会保险。当然，由于实践中办理社会保险存在时间滞后，因此，只要用人单位不是恶意不为劳动者办理社会保险登记及不缴纳社会保险的，劳动者应当予以理解，同时有权督促用人单位及时为其办理社会保险。

内容四：试用期员工的引导

  新员工初入职时，大多会面临着很多压力，在与新工作、新团队磨合时，容易造成新员工流失的影响因素主要有图4-15所示的三种。

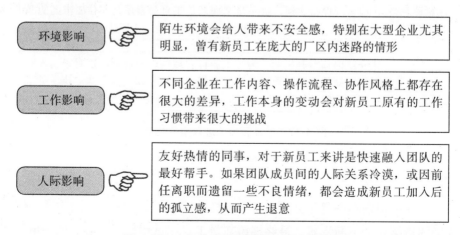

图4-15　容易造成新员工流失的影响因素

综合上图所示的三方面因素,企业可以从以下几个方面加强试用期员工的引导。

1. 助力熟悉环境,减轻入职压力

新员工入职后的前两周是适应期中压力最大的阶段,如果企业能够充分利用好这个契机开展引导工作,可以大大提高新员工的稳定度。具体措施如图 4-16 所示。

措施一	通过入职培训,带领新员工了解企业的整体情况,传输企业文化、价值观念、规章制度及远景规划
措施二	组织新员工参观企业各类工作生活设施、职能部门
措施三	有条件的企业,在面对大批量员工入职时可以考虑组织新员工欢迎会,多种形式地展现和谐的工作环境,帮助新人熟悉企业

图 4-16 帮助新员工熟悉环境的措施

2. 工作引导,协助进入角色

新员工加入时,无论是从事与以往相同的岗位工作,还是职位上有所提升,都面临对新工作的重新认知和定位,企业人力资源部门在这个时间点上必须做好图 4-17 所示的四项工作。

措施一	明确岗位内涵。让新员工清晰了解自己的岗位职责、工作汇报路线、工作任务和计划安排,使新员工知道做什么和如何做
措施二	告知企业薪酬及绩效制度。让新员工了解本岗位绩效考核标准、评价方法以及企业的薪酬与激励机制,从而更加明确工作的目标和方向
措施三	关注人岗适配度。在试用期,HR 部门要及时与新员工本人及其直线主管保持沟通,进一步掌握新员工自身素质与岗位要求间的匹配程度,有针对性地安排相应的培训,使之快速适应岗位的要求
措施四	介绍内部晋升机制。为员工制订合理的职业规划,这对于初入职场的新员工尤其重要。通过介绍企业培养和选拔方式,让新员工更加清楚晋升路线和条件,从而更有目标地进行个人奋斗

图 4-17 协助新员工进入角色的措施

3. 加强沟通,融入团队合作

新员工在试用期不可避免会遭遇各种各样的困难,如果没有及时沟通,困惑、焦虑、无助的情绪就会不断积累,最终摧垮新员工走完试用期的信心。如果单纯依靠转

正前的考核沟通，往往是于事无补。

因此，在实践工作中，采取"321"的沟通频率可以产生非常好的效果。所谓"321"沟通，即指在员工入职的第一个月安排三次的面谈交流，第二个月为两次，余下四个月每月进行一次沟通面谈。沟通由直线主管、HR和新员工三方共同参与，及时准确地掌握新员工的思想动态和实际困难，可以更好地帮助他们缓解新工作带来的压力。

4. 选好引路人，度过试用期

常言道："师傅领进门，修行靠个人。"究竟谁更适合担任新员工的"师傅"，是直线主管还是HR？众所周知，企业招募的新员工，通常分散在各个业务部门，他们的直线主管是与之接触最为频繁的对象，因此，直线主管是最佳的引路人。作为HR部门来讲，在新员工的管理中，应重点关注试用期管理体系的构建、直线主管引导新人的技能培训和发挥沟通的桥梁作用。

在条件成熟的企业中，可以考虑建立HR、直线主管、平级同事组成的三维伙伴团队，共同关注新员工，使之沟通有渠道、工作有指导、生活有关怀，协助他们更加快速地融入企业，平稳地度过试用期。

内容五：试用期转正

《劳动合同法》对员工试用期做出了规定，企业与职工约定试用期不得超过规定，试用期结束后，能不能转正由企业与员工协商。

一般按企业正常的用人规定，经过试用，新进员工试用的结果有可能是提前转正、按期转正或辞退。而这都要按程序进行。

对于试用期间表现优异、事迹突出、试用期考核成绩为优秀的新进员工，用人部门可申请为其办理提前（或按期）转正。由部门主管填写新进员工试用期转正考核表，经总经理审批后交人力资源部。

内容六：试用期解除合同

有的企业认为，试用期间既然是双方互相了解的过程，那么我就可以随时随意解除，其实这种想法也是错误的。

1. 解除合同的条件

《劳动合同法》第三十九规定："在试用期间被证明不符合录用条件的，用人单位可以解除劳动合同。"根据此条规定，用人单位以劳动者试用期不符合录用条件为由解除劳动合同的前提条件是劳动者处于试用期内。如果不符合这个前提条件，那么用人单位不能以此为由解除劳动合同。

因此，用人单位试用期解除合同不能随意为之，必须符合法律规定的条件，否则，则属于违法解除劳动合同，须支付经济赔偿金。具体而言，试用期解除劳动合同须符合图4-18所示的要件。

用人单位需要在劳动者入职时明确约定录用条件。既然约定了试用期，用人单位应根据本单位的经营状况，制定相应的考核标准和录用条件，该考核标准和录用条件要合法、明确、具体、可操作

用人单位有不符合录用条件的证据证明。用人单位以劳动者不符合录用条件为由解除劳动合同的，必须要对不符合录用条件进行举证。这是用人单位理应承担的举证责任

不符合录用条件，用人单位解除劳动合同必须在试用期内提出。不少用人单位，在试用期结束后随意延长试用期，或者在试用期结束后才通知劳动者不符合录用条件，这样明显属于违法解除劳动合同

用人单位需要书面通知劳动者。根据《劳动合同法》第三十九条的规定，用人单位要有已经通知劳动者解除劳动合同的证据，否则劳动者不认可解除的，劳动关系一直存在，试用期过完了之后，再以不符合录用条件为由解除的，构成违法解除劳动关系

图4-18　试用期解除劳动合同的要件

> **小提示**
>
> 从所述要件来看，用人单位以劳动者不符合录用条件为由解除劳动合同的，关键在于规范录用条件和收集有效证据证明。否则，一旦劳动者主张违法解除劳动合同，用人单位将面临赔偿的风险。

2. 解除合同的程序

《劳动合同法》第二十一条规定，在试用期中，除劳动者有本法第三十九条和第四十条第一项、第二项规定的情形外，用人单位不得解除劳动合同。用人单位在试用期解除劳动合同的，应当向劳动者说明理由。

用人单位在试用期内解除劳动合同的程序如图4-19所示。

第四章 入职引导

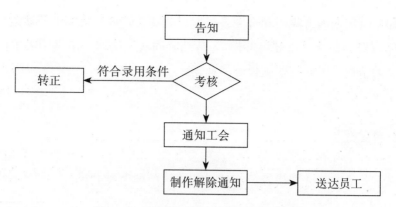

图 4-19 试用期内解除劳动合同的程序

图示说明：

企业需要告知员工录用条件，在告知的基础上进行考核；经过考核符合录用条件的，给予转正；对于不符合录用条件的员工，企业不能直接解除，必须先通知工会。有工会的通知本企业工会，没有工会的通知企业所在地的基层工会，听取工会意见后，企业才能正式进入解除程序，制作解除通知书，送达员工。这样才是因不符合录用条件而解除劳动合同的完整流程。

3. 是否需要支付经济补偿

（1）如果是试用期内被证明不符合录用条件，用人单位因此解除劳动合同的，不需要支付经济补偿金。

用人单位在录用劳动者时，应当向劳动者明确告知录用条件，用人单位在解除劳动合同时应当向劳动者说明理由及法律依据。如果用人单位有证据证明在招聘时明确告知劳动者录用条件，并且提供证据证明劳动者在试用期间不符合录用条件，那么，用人单位就可以依据《劳动合同法》第三十九条第一项的规定与劳动者解除劳动合同，且不需要支付经济补偿金。

劳动者不符合录用条件的情况主要有图 4-20 所示的情形。

劳动者违反诚实信用原则，隐瞒或虚构自身情况，且对于履行劳动合同有重大影响，包括：提供虚假学历证书、身份证、护照等，对个人履历、知识、技能、健康等个人情况的说明与事实有重大出入

在试用期间存在工作失误的，此项认定可以结合《劳动法》相关规定、劳动合同约定、规章制度规定等

图 4-20 劳动者不符合录用条件的情况

（2）如果试用期内解除劳动合同是依据《劳动合同法》第四十条规定，那么，用人单位就应当向劳动者支付经济补偿。《劳动合同法》第四十条是用人单位无过失性辞退劳动者的情形，因此需要支付经济补偿。

 **案例赏析**

员工状告企业试用期违法解除劳动合同

【案例背景】

××广告公司向法院起诉称，魏××2020年8月6日入职，双方签订了劳动合同，期限为2020年8月6日起至2022年8月5日止，劳动合同约定试用期为2个月，即2020年8月6日至2020年10月5日，担任广告营销总监一职。××广告公司于2020年10月12日向魏××发出《关于与魏××终止试用期劳动合同的通知》，该通知中载明：经公司领导研究权衡，认为魏××不适合××广告公司为其提供的广告营销副总监岗位，即日起正式决定与魏××结束试用期，不再往下履行转正后的劳动合同。

因此，魏××于2020年12月11日向劳动仲裁部门申请劳动仲裁，请求劳动仲裁部门裁决××广告公司支付违法解除劳动合同的赔偿金8000元并获得支持，××广告公司不服裁决结果，起诉至法院，请求不支付违法解除劳动合同赔偿金8000元。

【案例分析】

法院经审理认为，案件争议的焦点是，××广告公司是否构成违法解除劳动关系。庭审中，××广告公司解释通知中载明的"不适合××广告公司为其提供的广告营销副总监岗位"，具体是指魏××经常缺勤，不遵守××广告公司的规章制度，以及广告营销能力欠缺。

对此法院认为，××广告公司提供的考勤登记本虽显示魏××有未签到的情况，但从该登记本记载的公司员工签到情况来看，签到随意，8、9月份部分日期下仅有五六人签名，××广告公司全额支付魏××8、9月份工资的事实，××广告公司并无充分证据证明魏××经常缺勤。××广告公司亦未举证证明其制定有规章制度及已向魏××告知其规章制度，亦未举证证明魏××不能胜任工作以及试用期内不符合录用条件，并且该解除劳动关系的通知送达魏××时，已超过双方约定的试用期，法院据此认定××广告公司违法解除劳动关系。

综上所述，法院判决××广告公司于本判决生效后三日内向魏××支付违法解除劳动合同的赔偿金8000元。

【案例点评】

本案中，××广告公司存在至少三个严重错误。

一、过了试用期，又以不符合录用条件为由不转正，这个错误是最为明显的，可以直接确定构成违法解除劳动关系。

二、把日常规章制度与不符合录用条件混为一体，××广告公司发出的解除通知内容显示，魏××不遵守公司规章制度，经常缺勤等，这些属于日常管理规章和劳动纪律，无论是否在试用期内的劳动者都应当遵守，但随后又表明不适合岗位要求，不予转正，这个理由又属于不符合录用条件。

三、管理混乱，没有任何证据证明自己的主张，包括相应的规章制度、员工试用期录用条件等，连解除劳动合同的理由都变得混乱，主张魏××不遵守日常规章制度，又以不符合录用条件为由解除劳动合同。

因此，法院认定××广告公司构成违法解除劳动合同。

第五章
离职管理

章前概述

员工离职是员工流动的一种重要方式。人员流动是企业发展过程中的必然现象，适当的离职率对推动企业发展和保持企业活力是有益的，反之则会影响企业的发展。

思维导图

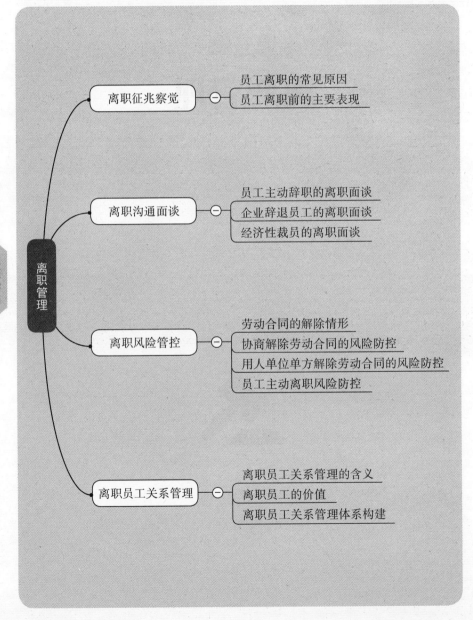

第一节 离职征兆察觉

【基本流程】

离职并不是员工对公司不满的开始阶段，而是激化阶段。一般来说，员工离职之前已经对该企业不满已久，大多会经历"厌倦→不快乐→不满意→抱怨→忍无可忍→提出离职"这样一个过程。

离职征兆察觉流程如图5-1所示。

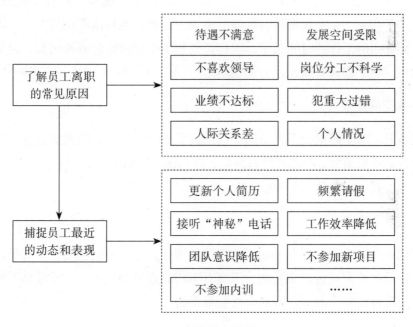

图 5-1 离职征兆察觉流程

【内容解读】

内容一：员工离职的常见原因

员工离职的原因多种多样，而其中具有规律性或普遍性的原因主要有图5-2所示的几种。

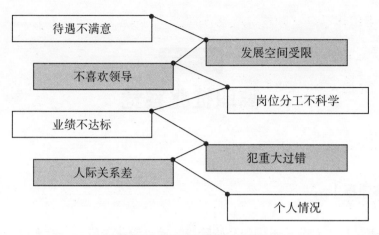

图 5-2 员工离职的常见原因

1. 待遇不满意

"钱没给够"是员工离职最重要的一个原因，也是最现实、最直接的一个原因。如果一位员工在一个企业长期没有加薪的希望，企业是绝对留不住员工的。因为员工如果在一个公司的工作的时间久了，工作任务和工作价值都会有所增加，但是如果工资不涨的话，员工也只有离开，另觅他路。

2. 发展空间受限

在职场上，除了眼前的薪资待遇，员工最关心的就是未来的发展前景。如果一个公司没有什么发展前景，内部管理有问题，甚至连维持都成问题的话，员工想要离职，寻找更好的去处，也是情有可原的。

3. 不喜欢领导

很多离职的员工说，实在是受不了自己的领导，整天牛哄哄的。不管是什么工作项目，总是以他的观点想法来实施，下属有不同的意见都不行，一味地让下属服从再服从。跟着这样的领导做事，没几个人会愿意的。

4. 岗位分工不科学

在目前的一些中小企业内，有些老板为了节约人力成本，往往采用一岗多能、一人多职的手段，结果导致很多员工的职位分工不明确，自己的专职工作做不好，却每天做一些繁杂无用之事。长此以往，员工感觉不到自己的价值，工作激情也会大打折扣。这样的工作情形，又有哪个员工能待得长久呢？

5. 业绩不达标

目前，越来越多的管理者开始重视绩效考核。特别是对一些销售岗位来说更是如此,如果员工业绩达不到企业的要求,就算企业不开除员工,员工自己也会主动离职的。

6. 犯重大过错

这个原因是用人单位有权辞退员工的一种情形,也是员工离职最没有悬念的一种原因。

7. 人际关系差

尽管职场是一个充满竞争的,凭本事吃饭的地方,但是,如果人际关系不好,也很难长期生存下去。毕竟只有相处融洽的环境,才能工作有效率,做出有价值的成绩。

8. 个人情况

有时候员工离职也不一定就是对企业不满,也可能是出于自身的特殊情况考虑,比如搬家、换城市、身体状况、家里有事等,这样的情况,HR可以具体问清楚,对于比较优秀的员工,可以挽留,等员工处理好事情再回来。

员工在职时间分析

光从在职时间长短来讲,员工进公司2周内离职,与HR的入职沟通有关;3个月内离职,与不能适应工作和工作内容本身有关;6个月内离职,与直接上级有关;2年左右离职,与企业文化有关;3～5年离职,与晋升空间受限有关;5年以上离职,与厌倦和进步速度不平衡有关。

1. 入职2周离职

入职2周离职,说明新员工看到的实际状况(包括公司环境、入职培训、接待、待遇、制度等方方面面的第一感受)与预期产生了较大差距。

HR要做的是,在入职面谈时把实际情况尽可能地讲清楚,不隐瞒也不渲染,让新员工能够客观地认识他的新东家,这样就不会有巨大的心理落差,不要担心即将到手的新人不来了,该走的总是留不住。

然后把入职的各个环节工作进行系统梳理,包括从招聘到通知入职、报道、入职培训、与用人部门交接等环节,充分考虑到新人的感受和内心需求,进行系统规划和介绍,让新人感受到被尊重、被重视,让他了解他想了解的内容。

2. 入职3个月离职

入职3个月离职,主要与工作本身有关。有被动离职,这里只讲主动离职,说明企业的岗位设置、工作职责、任职资格、面试标准方面存在某些问题,需要认真审查是哪方面的原因，以便及时补救，降低在招聘环节的无效劳动。

3. 入职6个月离职

入职6个月离职的，多数与直接上级的领导有关，即经理效应——他能不能取得卓越成绩最大影响因素来自他的直接上司。人力资源部门要想办法让公司的管理者们接受领导力培训，培养基本的领导力素质。管理者要了解下级的优势，并让他的优势与岗位职责匹配，为公司创造最优绩效，同时也体现出员工的价值。

一个优秀的管理者就是一个教练，他有义务和责任发掘员工潜能和优势，并培养下属，成为下属成功的重要推动力。同一个部门换一个领导结果可能完全不一样，同样一批员工的表现可能也截然相反，一个可能会激发团队战斗力、使团队冲劲十足；另一个可能会导致抱怨漫天、团队涣散、离职频发。

直接上级应该是最先了解下属的各种动向和倾向的，他的一句话可能解决问题也可能造成矛盾，如果没有处理好，队伍士气下降、战斗力下滑，就会进入不良循环。因此在1年期内离职员工较多的团队，要注意他的直接上级可能出问题了。

4. 入职2年左右离职

2年左右离职，与企业文化有关系。工作2年，员工对企业已经完全了解，各种处事方式、人际关系、人文环境、授权、职业发展等都了解得很全面，甚至包括公司战略、老板的爱好。

企业文化好的公司，在招聘环节会对应聘者的价值观方面做全面考察，希望新员工能融入公司文化中，为文化的持续优化添砖加瓦。而企业文化不太好的公司，对应聘者的价值观要求不是太高，往往只是片面考察，希望他们进来能净化和改良文化氛围，但事与愿违：

第一，他们自身的价值观取向可能就有问题或有缺陷。

第二，即使他们价值观趋向都是正向的，但一个人的力量无法与长久形成的氛围相匹敌。

第三，新员工入职，都在努力融入团队，尽量表现得不那么离群，因此更容易被同化。

当公司文化与新员工价值观冲突到一定程度，甚至达到临界或突破原则，就会导致关系破裂，离职在所难免。作为企业，要每日三省吾身，尽可能早察觉到公司内的不良因素，公司不在大小，都需要良好的工作氛围让员工愉悦工作。

5. 入职3～5年离职

3～5年离职，与职业发展有关。学习不到新知识和技能，薪酬提升空间不大，没有更多高级职位提供，此时对员工来说最好的解决办法就是跳槽。但对企业来讲，这个阶段的员工应该价值最大，离职损失较大。

因此要根据不同类型员工的需求结构，设计合理的职业发展通道。了解员工的心理动态，倾听他们的心声。调研职业市场供求关系，主动调整薪酬、职位设计，我们的目的是保留员工，其他的政策都可以根据情况灵活调整。

6. 入职 5 年以上离职

5 年以上的员工，忍耐力增强。此时离职一方面是职业厌倦导致，我们需要给予他新的职责，多一些创新类工作，来激发他们的积极性。另一方面是个人发展与企业发展速度不统一导致，谁发展得慢就成了被淘汰的对象，员工疏于学习、停滞不前，必然让企业逐渐疏远和冷落；企业发展太慢，员工的上升空间打不开，员工看不到新的希望，必然会另谋高就了。

内容二：员工离职前的主要表现

小马今天上班没看到公司的销售冠军老黄，问了同事才知道他已经离职了。小马很诧异，明明周末才在一起吃了年夜饭，怎么没点动静就辞职了呢？小马百思不得其解。等他仔细回想起来才发现，其实老黄从 12 月底就非常关心年终奖的发放日期，而 1 月份开始他就很少开单了，偶有出单也只是小单。

组员都以为是年前业务不好做，现在看他离职了，想想倒也合理了。不是老黄没有业务，而是有意不再开发新的业务，这样辞职了，也不怕提成不好拿。

像老黄这样突然离职的同事有很多，身边的人对于他们的辞职会觉得突然、惊讶，觉得"这人怎么说辞职就辞职了，之前也没见一点动静"。其实仔细回想，真的没有动静吗？不是的，只是对方比较低调，即便你发现了，也就是当时觉得有点奇怪并不会深思。但认真观察，你就会了然，哪怕再悄无声息地离职，也是有征兆的。所以，作为 HR，就应该要善于捕捉员工最近的一些动态和表现。具体如图 5-3 所示。

01 在网站上更新个人简历

02 请假时间短但频繁

03 经常接听"神秘"电话

04 工作效率比平时降低

05 团队意识降低

06 不愿意参与长期的新成立的项目

图 5-3

07	对公司的现状和领导的不足表现出不在乎
08	不愿意参加公司内部的培训
09	清理私人物品
10	打印私人资料
11	穿着打扮有变化
12	打听各种工资问题，公积金社保问题以及年假等问题

图 5-3 员工离职前的主要表现

1. 在网站上更新个人简历

在招聘网站上更新简历是最直接能体现员工有离职意向的表现。但并不是所有的离职员工都会主动在招聘网站上更新简历，要知道很多优秀的员工是不需要自己来更新简历的，会有很多猎头直接将他们挖走。

> **小提示**
>
> 当然也并不是所有更新简历的员工都有很强的离职意愿，也有可能只是想单纯地了解下市场行情，了解一下自己在市场上的竞争力。

2. 请假时间短但频繁

一般员工如果出现频繁地短时间请假，极有可能是去参加面试。尤其是，之前并不经常请假的员工突然发生频繁请假，而且请假理由不做具体说明，只表明个人私事。当然也会有确实是家里有难以启齿或不想被别人知道的必须请假处理的私事，这就需要 HR 明察秋毫了。

3. 经常接听"神秘"电话

一般来说，员工在决定离职之前，往往不希望周围的人有所察觉，所以他们在网上投递简历之后，需要接听面试电话时，会刻意避开其他人，显得神神秘秘，这其实也是一个离职的信号。

4. 工作效率比平时降低

工作状态变得放松，能明显看出近期的状态懒散。本来一天可以做完的工作做了三四天都没有完成。这是由于在离职之际，心态发生了变化，对于工作上的事情不会再那么用心，就会有消极状态的产生，进而应付工作。

5. 团队意识降低

开始不愿意参加部门的聚会和团建活动，尤其是从前特别活跃的员工。平时与部门的同事之间的互动和沟通也明显减少，在部门的微信群中的发言和回应也大大减少。

6. 不愿意参与长期的新成立的项目

一般来说，一个稍微有上进心的员工，都会尽量争取学习和进步的机会。所以，如果一个比较优秀的员工，开始不愿意承担新的项目，尤其是长期的项目，是因为责任心的驱使，让他在离职之前尽量低调，同时不给企业增添更多的麻烦和成本。

7. 对公司的现状和领导的不足表现出不在乎

HR在做访谈的时候会发现，通常那些总是抱怨企业领导的员工，最终离职的其实很少，反而是那些对企业和领导不提出任何意见，表现出并不在乎的员工，离职率却非常的高。这是因为一个员工如果还会对企业和领导提出他们自己的意见和表现出自己的不满的时候，说明他们对企业和领导都还存在信任和希望。而不在乎，才是最可怕的放弃。

8. 不愿意参加公司内部的培训

每个企业内部的大部分培训，都是针对企业自己的业务和技术设置的。如果一个员工已经决定要离开了，他会觉得这些培训对自己已经不重要了，不需要再浪费时间在这些上面。

9. 清理私人物品

如果一个员工从前的办公桌上是被各种东西铺满的，而最近突然变得非常干净，甚至桌子上的盆栽、相框都不见了。这就是已经在为离开做准备了。

10. 打印私人资料

入职和离职都需要非常多资料。所以如果一个员工近期频繁地打印各种私人资料，而且非常仔细地收好，避免其他人看到，那大多数是准备要离开了。

11. 穿着打扮有变化

有很多员工平时在办公室不太注重自己形象，以舒适为主要诉求。尤其是互联网行业，格子衬衫、运动裤、清凉拖鞋是标配。

但突然有一段时间他开始注重形象,穿上了小西服,头发梳得很整齐。那很有可能是需要参加面试了。

12. 打听各种工资问题,公积金社保问题以及年假等问题

跟领导或者人力资源部同事打听离职后工资的发放,公积金和社保的转移情况,以及自己今年还剩下多长时间的年假等。这都是在为离职做准备。

第二节 离职沟通面谈

【基本流程】

离职面谈是指在员工离开公司前与其进行的面谈。从雇主的角度来说,离职面谈的最主要目的是了解员工离职的具体原因,以促进公司不断改进。

员工离职面谈的基本流程如图5-4、图5-5所示。

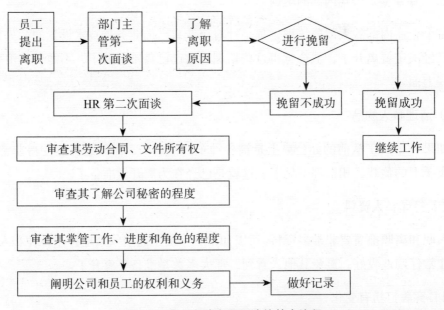

图5-4 员工主动离职面谈的基本流程

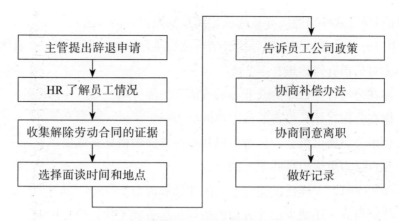

图 5-5 企业辞退员工离职面谈的基本流程

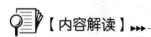【内容解读】▶▶▶

内容一：员工主动辞职的离职面谈

离职面谈是企业与员工最后一次面对面的正式交流和沟通。通过离职面谈，了解员工离职的真实原因，不仅是对离职员工的恳切挽留，体现出企业人性化管理，使在职员工感受到企业对他们的重视和关怀，从而意识到自身价值的重要性；同时也可以预防可能出现的攻击企业的行为发生，树立良好的企业形象。

1. 面谈原则

本着善待离职者原则，对于主动离职员工，通过离职面谈了解员工离职的真实原因以便公司改进管理；对于被动离职员工，通过离职面谈提供职业发展建议，不让其带着怨恨走；诚恳地希望离职员工留下联系方式，以便跟踪管理。

2. 离职面谈的问题

在开展离职面谈时可以充分地运用以下问题。

（1）你是如何做出离职决定的？

（2）你决定离职的主要原因是什么？

（3）你决定离职的其他原因是什么？

（4）在你决定离职的原因中，你最在意的是什么？

（5）公司本可以采取什么措施让你打消离职的念头？

（6）你本希望问题如何得到解决？

（7）你觉得有哪些机会本可以预防出现现在的情况或解决好现在的问题？

（8）你对导致这些问题或导致你决定离职的因素有何看法？

（9）你对公司将来如何处理好这种情形或解决好这些问题，有什么具体的建议？

（10）你对公司有何感想？

（11）你在公司有什么好的或开心的或满意的经历吗？

（12）你在公司有什么沮丧的或困难的经历吗？

（13）如果公司提供机会，你本可以在哪些方面做得更好或更多？

（14）你自己本想承担哪些额外的职责？

（15）公司本可以怎样使你更好地发挥才能和潜力？

（16）你觉得自己还缺少哪些方面的培训？这造成了什么样的影响？

（17）你觉得公司对你的培训和发展需求的评估妥当吗？你的培训需求得到满足了吗？

（18）你觉得什么样的培训和发展计划对你最有帮助且你最感兴趣？

（19）你觉得公司或部门内的沟通如何？

（20）你觉得应如何改进公司的员工服务？

（21）你对公司的企业文化有何感想？

（22）你觉得公司各部门之间的沟通和关系如何？应该如何改进？

（23）你觉得自己的角色发展或定位适当吗？

（24）你觉得公司应如何更好地引导你进入自己的角色？

（25）针对在公司工作不到1年左右的离职人员：你觉得公司招聘你的方式如何？与你进公司时对它的期望相比，现实有哪些未达期望？公司本应如何改进对你的招聘，本应如何改进对你的入职培训？

（26）你觉得公司本应该如何帮助你更好地了解其他部门或更好地与之合作，以提高公司的运作效率？

（27）你对公司对你展开的绩效评估和给出的绩效反馈有何看法？

（28）你对公司的绩效考核系统有何看法？

（29）你对公司的激励机制有何看法？你认为它本应如何进行改进？

（30）你觉得公司应如何改进工作条件、工时、换班制度、便利设施等？

（31）你觉得公司的哪些设备或机器要更换、升级或没有得到充分及合理的使用？

（32）你觉得公司对你的管理方式如何？

（33）你本来想如何改变公司对你设定的期望、目标？为什么？

（34）你觉得公司存在哪些特别荒谬的政策、制度或指令？

（35）你觉得公司存在哪些荒谬的资源浪费、毫无意义的报告或会议、官僚作风等？你能具体谈谈吗？

（36）你觉得公司应如何缓解员工的压力？

第五章 离职管理

（37）你觉得公司应该如何让你更好地利用自己的时间？

（38）公司或管理层有没有在什么方面给你的工作造成麻烦，或使你沮丧，或降低了你的效率？

（39）你觉得公司如何才能更好地利用员工的见解和经验？

（40）撇开导致你决定离职的原因，是什么使你起初决定与公司长期共同发展事业？

（41）公司怎样才能留住好的员工（不再失去像你一样优秀的员工）？

（42）当情况好转，你会考虑重新回公司吗？

（43）你是否愿意谈谈你的去向（如果你已经决定了）？

（44）是什么吸引你想加入他们？

（45）他们提供了什么重要的条件正是我们这所缺少的？

（46）如果合适，是否可以谈谈或重新考虑你留在公司的可能性？

（47）你需要我们为你提供一些帮助，以更好地决定下一步应该怎么做吗？（很显然，我们不能给予任何承诺。）

（48）你离职后是否愿意继续和公司保持联系？

（49）你是否介意公司经常告知你公司的发展状况，打听你的发展情况，邀请你回来参加公司活动？

（50）当你在其他公司见识到更好的管理办法或经过对照想到对公司更好的建议时，是否愿意主动与公司分享？

（51）如果有机会，你是否还愿意重新加入公司？

此外，当公司知道员工将要离职时，在他离开公司前或进行离职面谈前，可以考虑使用下面的问题创造知识转移的机会。不要等到离职面谈时才问这些问题。

（1）在你离开公司前，公司可以如何受益于你的知识、经验、客户联络名单等？

（2）你是否愿意在离开公司前与经理或接任者或同事举行简短的会议，以便我们可以从你的知识和经验中受益？

（3）我们怎样才能让你在离开公司前尽量将知识和经验转移给接任者？

（4）你将在什么时候，以何种方式将你的知识转移给接任者？

（5）你即将离开公司，心中不免百感交集，但我们仍真诚希望你可以帮我们理清你手上的一些重要事情。在让你转移知识方面，我们怎样才能达成一致意见呢？

（6）如果你愿意在离职前将×××（接任者姓名）介绍给你的关键客户，我们将不胜感激，你愿意帮助我们吗？

3. 离职面谈的沟通时机

第一次：得到员工离职信息时。

第二次：员工离职手续办理完毕准备离开公司的最后一个工作日。

4. 离职面谈责任人

（1）第一次离职面谈。对于主动提出辞职的员工，员工直接上级或其他人得到信息后应立即向其部门负责人和人力资源部员工关系专员反映，拟辞职员工部门负责人应立即进行离职面谈，了解离职原因，对于欲挽留员工要进行挽留面谈，对于把握不准是否挽留的应先及时反馈人力资源部以便共同研究或汇报，再采取相应措施。

（2）第二次离职面谈。

① 对于最终决定同意离职的员工，由人力资源部进行第二次离职面谈。

② 一般员工由员工关系管理员进行离职面谈；二级部门负责人以上员工（含二级部门负责人）由人力资源部负责人进行离职面谈。

③ 第二次面谈过程中，员工关系管理员或人力资源部负责人填写如表 5-1 所示的"员工离职面谈表"，离职员工签字认可后存档。

表 5-1　员工离职面谈表

姓名	工号		部门		岗位		年龄	性别	入社日期	面谈日期
离职类别			□自动离职				□解聘/开除			
离职原因（可选择多项）	公司原因				工作原因				个人原因	
	□工资待遇低	□福利待遇差			□工作不能胜任		□工作中无法提升自己		□找到更好的工作	□自行创业
	□不满公司的政策和制度	□工作环境不佳			□工作时间加班		□工作任务过于繁重		□转换行业	□家庭原因
	□缺少培训与教育机会	□缺少发展与晋升机会			□觉得工作枯燥乏味		□贡献得不到肯定		□身体健康原因	□须停职学习/深造
					□与上司产生矛盾		□与同事关系不融洽		□住所迁往别处	
	□其他				□其他				□其他	
离职去向										

续表

你认为公司在哪些方面需要加以改善（可选择多项）	□公司制度与文化	□部门之间沟通	□上层管理能力	□直接领导能力
	□工作环境及设施	□员工发展与晋升机会	□工资与福利	□员工关怀
	□教育培训与发展机会	□团队合作精神	□其他	

1. 您对公司其他方面的建议，或认为公司在其他哪些方面应做出改变？

2. 是什么促使您当初选择公司？

3. 在你做出离职决定时，你发现公司在哪些方面与你的想象和期望差距较大？

4. 您最喜欢公司的哪些方面？

5. 您最不喜欢公司的哪些方面？

6. 您觉得您领导的管理、统筹、协调、沟通等能力如何？有什么期望或者建议？

7. 在您所在的工作岗位上，您面临的最大的困难和挑战是什么？

8. 您是否愿意谈谈您的去向，是什么吸引您加入他们？

9. 您是否愿意在今后条件成熟的时候再返回公司？

解决问题	若能挽留，需要我们帮你解决什么问题？
	□增加薪酬　　□调整工作部门　　□调整工作岗位
	□解决其他问题（可以描述）：

员工（签字）： 日期：	面谈人（签字）： 日期：

注：以上调查内容属保密资料，一律不对外公开。

内容二：企业辞退员工的离职面谈

对于企业主动辞退的员工，在员工辞退决定批准后，由员工所在部门负责人进行第一次离职面谈，并以书面形式反映辞退原因和经过，形成最终的情况说明。

1. 面谈的准备阶段

（1）员工的个人信息和工作档案，即需要首先掌握被解聘员工所在部门负责人的态度和要求、工作进展情况、业绩考核情况、劳动合同状况，以及有无附属协议，如培训协议、保密协议、竞业禁止协议等，还有财务借款情况、办公用品及设备、车辆领用情况、业务往来中的财务情况等。

（2）解除劳动合同的事实依据、规章制度以及法律适用条款。

（3）可能出现意外情况的处理方案。

（4）列明面谈提纲。

（5）选择合适的面谈时间和空间。

比如，可以选择在能够让人精神放松的伴有舒缓音乐的空间明亮的咖啡厅，而不是令人紧张压抑的办公室。这样不仅可以预防冲击行为产生，也不会对其他在职员工造成影响。时间以20分钟至40分钟较为恰当。

2. 面谈的进行阶段

（1）根据每个被解聘的员工个体不同、工作时间不同、岗位不同、解聘原因不同、解聘条件不同、心理承受能力不同……这诸多不同必然决定了即使进行面谈也不能一同进行，而是要分别开展。

（2）技巧问题。辞退面谈中，企业在信息掌握方面占有主动地位，员工处于相对被动地位，想要就离职方案达成一致意见，辞退面谈需要的技巧性就更强一些。

员工关注的内容无非就是两个：辞退的理由和辞退的补偿。因此，在面谈中要让员工清楚明白地了解企业对这两点的安排是什么，不能含糊、闪烁。如果员工心生怨情，也应让员工有辩解和倾诉的机会，引导员工化解心中的不悦。当然，为了缓和气氛，HR也可以在面谈前先行营造轻松的气氛，如给员工倒水、询问家庭状况等，以善意的动作卸去对方的防备，设法将自己的立场与被面谈者立场划在同一阵线，多听少说，适时地提供分析建议和意见。但也应注意不要把个人感情带入面谈中，更不要轻下承诺。

根据需要，可以结合员工的看法做适当的分析。

（3）面谈结束，HR应对面谈结果进行总结，提出改善计划。

3. 面谈的重点

在辞退员工时，HR通常对于拟辞退员工已经有了比较客观的分析及评价，所以，离职面谈的重点应当在于如何保证该员工以健康的心态完成企业的要求及进行好工作

第五章 离职管理

交接,在面谈中平衡好员工心理,尽可能地减小离职后的解约风险是离职面谈的重点。

因此,HR 在与拟辞退员工进行离职面谈时,表 5-2 所示的五个方面的话是绝对不能说的。

表 5-2 与拟辞退员工进行离职面谈的禁忌

序号	禁忌事项	具体说明
1	有法律风险的公司制度	在离职面谈时,HR 一定不要提有法律风险的企业制度,如末位淘汰。从法律的角度讲,对于企业和员工共同签订的劳动合同是双方的法律行为,在合同期限未满前,任何一方单方的解除合同,都必须有法定的理由,否则就视为违法。而在末位淘汰制中,企业与员工解除合同的理由仅仅是员工的工作表现,法律依据是不足的,因此企业应该承担相应的法律责任。另一方面末位淘汰制也有损人格尊严、过于残酷
2	有损人格的词汇	有损人格的词汇,如无能、混蛋等。即便被辞退员工不进行法律诉讼,此类话语对于拟辞退员工的身心必然产生严重伤害,使得公司与员工关系对立,由此也可能引发其他方面的法律或经营风险
3	没有足够证据支撑的事	没有足够证据支撑的事,如能力不足、不符合公司任职条件等。《劳动合同法》等在此方面都有严格的规定,如果要说明员工能力不足或不符合任职条件,需由企业提交相关的证据,而能力不足、不符合任职条件等事项,是在员工入职时就进行过评价的,只有在员工入职后,发现假学历、假履历等情况下,才可以用不符合企业任职条件的理由辞退
4	员工的隐私问题	员工的隐私问题,如个人作风问题。个人作风问题是私人生活方式,只要不触犯企业的各项制度,不触犯法律,从《劳动合同法》的角度看,不涉及企业与员工劳动合同义务与责任的履行,不能作为辞退员工的理由
5	个人矛盾	个人矛盾,如"我觉得……""我认为……"等用语过于主观,缺乏客观依据,容易导致拟辞退员工认为是企业政治问题,个人恩怨问题导致自己被辞退,而不能正视自己工作中存在的问题,由此产生激烈的对立情绪,很多情况下的劳动诉讼,都是由于个人关系对立引发的

案例赏析

员工考核不合格,被企业辞退

【案例背景】

2019 年初,由于业务发展的需要,××公司运营部打算招聘合适的新媒体运营人员,经过几轮面试,小韦是该岗位第一个被录用的新员工。小韦在 2019 年

1月2日办理入职，在公司工作了一个月加上过年年假的一周多的时间，春节后工作第二天被谈退。

【案例分析】

小韦刚入公司的时候，表现很积极，在很多事情上都有自己的想法，每次集体共创的时候，总是能提出一些大胆的主意。但是在自己负责的工作上，却存在着很多这样那样的问题，其中有三点是很严重的，这也是导致他被谈退的最主要的原因。

第一，在工作态度上：抖音运营过程中，只是简单发布，没有系统思考，一个月中断了好几次，不提醒就几天不发。

第二，在学习能力上：入职一个月，给他规划的新媒体方面的学习进展很慢，在公司培训中表现出对理论学习的不重视。

第三，在系统思考上：工作中让他负责一个社群项目，一个全年的项目，将近一个月的宣传周期，只做了简单的想法，中间提醒做一个完整计划，最终方案无法呈现。

这三方面的问题，其实在年前就已经暴露出来了，HR也主动找他谈了几次话，明确指出问题所在。小韦很聪明，每次谈话的时候，他会马上认知到自己的问题。但事后还是老样子，三番五次，说的和做的完全不一回事。

鉴于过年的原因，××公司抱着让每一位员工回家过一个好年的初心，年前没做任何处理。春节正式上班后，就直接做了一个离职面谈。

首先，让他自己对入职以来的工作结果做了一个展示与总结，完成的任务是什么？数据怎样？实际结果怎样？让他对自己的工作结果与工作过程有一个总体的了解。

然后，让他对自己入职以来在公司的成长和收获做一个总结。最初预设的目标是什么？最终的结果是什么？标准怎么样？过程中的心态如何？最后让他给自己这段时间的工作打了个分。

接着，××公司的HR专员按照小韦自己呈现出来的目标与结果，挨个给他指出其中的问题。最后，公司给了他一个整体评估，一个月的考核不合格，达不到这个岗位的要求，并做了解雇的决定。

【案例点评】

与拟辞退的员工离职面谈时，HR需要以拟辞退员工的实际绩效表现、工作状态作为依据，证明员工的实际情况是不符合企业岗位要求的。而面谈过程中，务必避免粗暴的态度。

内容三：经济性裁员的离职面谈

在企业的经济性裁员中，离职沟通面谈是直接面对被裁员工的最重要的一环。员工的很多情绪与不满都有可能在这一过程中宣泄或者化解。因此企业需要对这一环节给予充分的重视。

1. 面谈人员的选择

企业应根据组织规模的大小选择不同的面谈人员，具体有图 5-6 所示的两种方式。

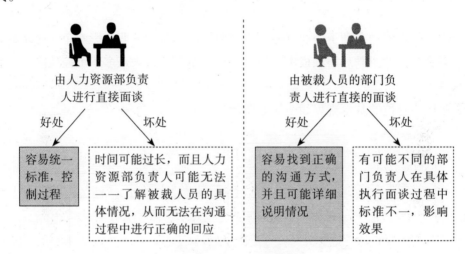

图 5-6　面谈人员的选择

2. 实施面谈的注意事项

在实施具体面谈时，要注意图 5-7 所示的三点。

事项一　安排好谈话时间，最好安排在休息日前，以便通过后面的休息日给对方一个心理缓冲的时间

事项二　直接切入主题，说明情况。细致地说明相应的补偿与帮助计划。说明员工获得补偿与帮助的具体方式，注意不应该做任何其他承诺

事项三　倾听员工的应答并给予清晰的回应。不要与被解雇人员陷入争执，而是要用比较积极的方式来疏导员工的情绪

图 5-7　经济性裁员离职面谈的注意事项

第三节
离职风险管控

【基本流程】

合理的人员流动有助于企业保持活力，但过于频繁的离职会影响企业稳定性，需要企业耗费较高的招聘和培训成本。同时，也会给企业带来众多不可控风险，令企业陷入困境当中。

离职风险管控的基本流程如图 5-8 所示。

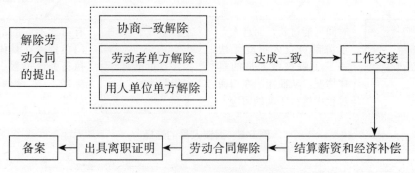

图 5-8 离职风险管控基本流程

【内容解读】

内容一：劳动合同的解除情形

劳动合同的解除，是指劳动合同在订立以后，尚未履行完毕或者全部履行以前，由于合同双方或者单方的法律行为导致双方当事人提前消灭劳动关系的法律行为。劳动合同的解除情形有以下四种。

1. 协商一致解除劳动合同

《劳动合同法》第三十六条规定："用人单位与劳动者协商一致，可以解除劳动合同。"如是用人单位向劳动者提出解除劳动合同，并与劳动者协商一致解除劳动合同的，需支付经济补偿金;反之,如是劳动者提出解除劳动合同的,用人单位则不需要支付经济补偿金。

2. 劳动者单方解除劳动合同

即具备法律规定的条件时,劳动者享有单方解除权,无须双方协商达成一致意见,也无须征得用人单位的同意。具体又可以分为预告解除和即时解除。

(1)预告解除。《劳动合同法》第三十七条规定:"劳动者提前三十日以书面形式通知用人单位,可以解除劳动合同。劳动者在试用期内提前三日通知用人单位,可以解除劳动合同。"

因此,在合同期内,如果劳动者遇到了更好的工作岗位,也不能"说走就走",必须提前以书面形式通知单位;否则,将可能承担相应的赔偿责任。

> **小提示**
>
> 对于劳动者单方预告解除劳动合同的,用人单位无需支付经济补偿金。

(2)即时解除。《劳动合同法》第三十八条规定:"用人单位有下列情形之一的,劳动者可以解除劳动合同。

① 未按照劳动合同约定提供劳动保护或者劳动条件的。
② 未及时足额支付劳动报酬的。
③ 未依法为劳动者缴纳社会保险费的。
④ 用人单位的规章制度违反法律、法规的规定,损害劳动者权益的。
⑤ 因本法第二十六条第一款规定的情形致使劳动合同无效的。
⑥ 法律、行政法规规定劳动者可以解除劳动合同的其他情形。

用人单位以暴力、威胁或者非法限制人身自由的手段强迫劳动者劳动的,或者用人单位违章指挥、强令冒险作业危及劳动者人身安全的,劳动者可以立即解除劳动合同,不需事先告知用人单位。"

> **小提示**
>
> 对于劳动者可即时解除劳动合同的上述情形,劳动者无须支付违约金,用人单位应当支付经济补偿。

3. 用人单位单方解除劳动合同

即具备法律规定的条件时,用人单位享有单方解除权,无须双方协商达成一致意见。主要包括过错性辞退、非过错性辞退、经济性裁员三种情形。

（1）过错性辞退。过错性辞退是指在劳动者有过错性情形时，用人单位有权单方解除劳动合同。对此，《劳动合同法》第三十九条有如下规定。

"劳动者有下列情形之一的，用人单位可以解除劳动合同。

① 在试用期间被证明不符合录用条件的。

② 严重违反用人单位的规章制度的。

③ 严重失职，营私舞弊，给用人单位造成重大损害的。

④ 劳动者同时与其他用人单位建立劳动关系，对完成本单位的工作任务造成严重影响，或者经用人单位提出，拒不改正的。

⑤ 以欺诈、胁迫的手段或者乘人之危，使对方在违背真实意思的情况下订立或者变更劳动合同致使劳动合同无效的。

⑥ 被依法追究刑事责任的。"

> **小提示**
>
> 过错性解除劳动合同在程序上没有严格限制。用人单位无须支付劳动者解除劳动合同的经济补偿金。若规定了符合法律规定的违约金条款的，劳动者须支付违约金。

（2）非过错性辞退。非过错性辞退即劳动者本人无过错，但由于主客观原因致使劳动合同无法履行，用人单位在符合法律规定的情形下，履行法律规定的程序后有权单方解除劳动合同。对此，《劳动合同法》第四十条有如下规定。

"有下列情形之一的，用人单位提前三十日以书面形式通知劳动者本人或者额外支付劳动者一个月工资后，可以解除劳动合同。

① 劳动者患病或者非因工负伤，在规定的医疗期满后不能从事原工作，也不能从事由用人单位另行安排的工作的。

② 劳动者不能胜任工作，经过培训或者调整工作岗位，仍不能胜任工作的。

③ 劳动合同订立时所依据的客观情况发生重大变化，致使劳动合同无法履行，经用人单位与劳动者协商，未能就变更劳动合同内容达成协议的。"

> **小提示**
>
> 用人单位非过错性辞退员工时，应当向劳动者支付经济补偿金。

（3）经济性裁员。经济性裁员是指用人单位由于经营不善等经济原因，一次性辞退部分劳动者的情形。经济性裁员具有严格的条件和程序限制，对此《劳动合同法》第四十一条有如下规定。

"有下列情形之一，需要裁减人员二十人以上或者裁减不足二十人但占企业职工总数百分之十以上的,用人单位提前三十日向工会或者全体职工说明情况,听取工会或者职工的意见后,裁减人员方案经向劳动行政部门报告,可以裁减人员。

① 依照企业破产法规定进行重整的。

② 生产经营发生严重困难的。

③ 企业转产、重大技术革新或者经营方式调整,经变更劳动合同后,仍需裁减人员的。

④ 其他因劳动合同订立时所依据的客观经济情况发生重大变化,致使劳动合同无法履行的。

裁减人员时,应当优先留用下列人员。

① 与本单位订立较长期限的固定期限劳动合同的。

② 与本单位订立无固定期限劳动合同的。

③ 家庭无其他就业人员,有需要扶养的老人或者未成年人的。"

用人单位依照本条第一款规定裁减人员,在六个月内重新招用人员的,应当通知被裁减的人员,并在同等条件下优先招用被裁减的人员。

> **小提示**
>
> 用人单位依照企业破产法规定进行重整的经济性裁员时,应当支付劳动者经济补偿金。

4. 用人单位单方解除的限制性条件

《劳动合同法》第四十二条规定,当劳动者存在以下情形时,用人单位不能依据"无过失性辞退"以及"经济性裁员"的理由解除与劳动者的劳动合同。

(1) 从事接触职业病危害作业的劳动者未进行离岗前职业健康检查,或者疑似职业病病人在诊断或者医学观察期间的。

(2) 在本单位患职业病或者因工负伤并被确认丧失或者部分丧失劳动能力的。

(3) 患病或者非因工负伤,在规定的医疗期内的。

(4) 女职工在孕期、产期、哺乳期的。

(5) 在本单位连续工作满十五年,且距法定退休年龄不足五年的。

(6) 法律、行政法规规定的其他情形。

相关链接

《劳动合同法》关于经济补偿金的规定

第四十六条 有下列情形之一的,用人单位应当向劳动者支付经济补偿。

(一) 劳动者依照本法第三十八条规定解除劳动合同的。

（二）用人单位依照本法第三十六条规定向劳动者提出解除劳动合同并与劳动者协商一致解除劳动合同的。

（三）用人单位依照本法第四十条规定解除劳动合同的。

（四）用人单位依照本法第四十一条第一款规定解除劳动合同的。

（五）除用人单位维持或者提高劳动合同约定条件续订劳动合同，劳动者不同意续订的情形外，依照本法第四十四条第一项规定终止固定期限劳动合同的。

（六）依照本法第四十四条第四项、第五项规定终止劳动合同的。

（七）法律、行政法规规定的其他情形。

第四十七条　经济补偿按劳动者在本单位工作的年限，每满一年支付一个月工资的标准向劳动者支付。六个月以上不满一年的，按一年计算；不满六个月的，向劳动者支付半个月工资的经济补偿。

劳动者月工资高于用人单位所在直辖市、设区的市级人民政府公布的本地区上年度职工月平均工资三倍的，向其支付经济补偿的标准按职工月平均工资三倍的数额支付，向其支付经济补偿的年限最高不超过十二年。

本条所称月工资是指劳动者在劳动合同解除或者终止前十二个月的平均工资。

第四十八条　用人单位违反本法规定解除或者终止劳动合同，劳动者要求继续履行劳动合同的，用人单位应当继续履行；劳动者不要求继续履行劳动合同或者劳动合同已经不能继续履行的，用人单位应当依照本法第八十七条规定支付赔偿金。

第五十条　用人单位应当在解除或者终止劳动合同时出具解除或者终止劳动合同的证明，并在十五日内为劳动者办理档案和社会保险关系转移手续。

劳动者应当按照双方约定，办理工作交接。用人单位依照本法有关规定应当向劳动者支付经济补偿的，在办结工作交接时支付。

用人单位对已经解除或者终止的劳动合同的文本，至少保存二年备查。

第八十七条　用人单位违反本法规定解除或者终止劳动合同的，应当依照本法第四十七条规定的经济补偿标准的二倍向劳动者支付赔偿金。

内容二：协商解除劳动合同的风险防控

所谓协商解除，是指合同有效成立后，未履行或未完全履行之前，当事人双方通过协商而解除合同，使合同效力消灭的行为。

1.协商解除的适用范围

用人单位与劳动者协商一致且不违背国家利益和社会公共利益的情况下可以解除

劳动合同，但必须符合图 5-9 所示的条件。

```
条件一 ▶ 被解除的劳动合同是依法成立的有效的劳动合同

条件二 ▶ 解除劳动合同的行为必须是在被解除的劳动合同依法订立生效之后、尚未全部履行之前

条件三 ▶ 在双方自愿、平等协商的基础上达成一致意见，可以不受劳动合同中约定的终止条件的限制
```

图 5-9　协商解除劳动合同的条件

2. 协商解除的经济补偿

企业和劳动者协商解除劳动合同，关于经济补偿金的情况有以下几种。

（1）企业无违规情况，劳动者自己提出离职的，企业不支付补偿金。

（2）用人单位与劳动者解除劳动关系，没有任何合法理由，也没有支付经济补偿，劳动者不存在《劳动合同法》第三十九条规定的情形，可以认定该用人单位行为属于《劳动合同法》第八十七条规定的违法解除劳动合同情形，应该支付赔偿金，即每工作一年支付 2 个月的工资。

（3）用人单位依据《中华人民共和国劳动合同法实施条例》第十九条规定情形与劳动者解除劳动关系的，其中符合《劳动合同法》第四十六条规定的，应该支付经济补偿金，即每工作一年支付一个月工资；符合《劳动合同法》第四十条，并且没有提前 1 个月通知劳动者的还应多支付 1 个月工资作为代通知金。

（4）劳动者存在《劳动合同法》第三十九条的规定的情况，用人单位提出解除劳动关系的，不需要支付任何经济补偿，也不需要提前通知；需要用人单位举证并且书面通知劳动者解除劳动关系。

> **小提示**
>
> 据最高人民法院的相关司法解释规定，劳动者与用人单位就支付工资报酬、加班费、经济补偿或者赔偿金等事项是可以进行协议约定的。约定的支付金额在法定标准之上或之下，或者就法定标准存有分歧的，劳动者与用人单位经协商取得一致意见的，该约定为有效约定。

内容三：用人单位单方解除劳动合同的风险防控

一般来说，劳动者如要与用人单位解除劳动合同，只要提前书面通知单位并及时做好工作交接，履行好劳动合同约定的相应义务（如竞业限制的义务等），相对而言，

风险较小。

1. 超过试用期解除合同

依据《劳动合同法》第三十九条第一款的规定"在试用期间被证明不符合录用条件的,用人单位可以解除劳动合同"。这就要求用人单位必须是在法定期限内做出是否符合录用条件的决定,超过法定试用期就不能以员工不符合录用条件为由与劳动者解除劳动合同。

2. 试用期内解除劳动合同

在试用期内,员工被证明不符合录用条件的,用人单位可以不用提前通知随时解除合同。但用人单位必须有证据证明劳动者不符合录用条件,这就要求用人单位在录用员工时要做好功课,明确招聘时的录用标准或条件并证据化。

比如,在发布的招聘简章、招聘信息中应明确录用标准和条件,并由员工在入职时签字确认;在试用期届满前对员工考核评价的证据收集、保存等。

3. 违反规章制度解除劳动合同

《劳动合同法》第三十九条第二款规定"劳动者严重违反用人单位规章制度的,用人单位可以解除合同"。这里,用人单位可以单方解除劳动合同的最主要依据是"劳动者严重违反用人单位的规章制度。"

实务中,仲裁(法院)裁审要求"规章制度"制定程序要合法,内容要合法、合理。劳动者严重违反规章制度的举证责任也要由用人单位来承担。也就是说用人单位要想依"劳动者严重违反用人单位的规章制度"来单方解除劳动合同,应同时满足图 5-10 所示的三个要件,三者缺一不可。

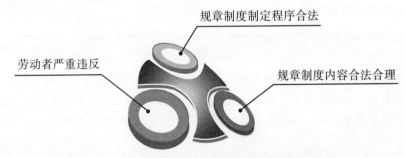

图 5-10 严重违反用人单位规章制度解除劳动合同的要件

根据上图所示的三个条件,这就要求用人单位在以下方面做好法律风险预防工作。

(1) 在制定规章制度时确保规章内容合法、程序合法,同时要经过公示程序并确保劳动者对规章制度业已了解、学习。

（2）要使规章制度具有可操作性，要将"严重违反"的事实列举出来并量化。

（3）要收集、保存劳动者严重违反规章制度的凭证。比如，让劳动者本人出具检讨书等。

4. 损害公司行为解除劳动合同

《劳动合同法》第三十九条第三款规定"严重失职，营私舞弊，给用人单位造成重大损害的，用人单位可以解除劳动合同"。实践中，有的用人单位为了尽快与劳动者解除劳动合同，往往夸大劳动者对公司的损害行为，任意适用此条款，从而引发劳动争议纠纷走上仲裁（法庭）。

用人单位如选择适用此条款来解除劳动合同，应当对"严重失职、营私舞弊、重大损失"做出明确的界定，通过规章制度等文件来确定哪些情况为严重失职，营私舞弊；造成多大损失算是"重大损失"。同时要对劳动者的上述行为进行证据收集与保存。这样就会将风险降低。

5. 身兼多职解除劳动合同

《劳动合同法》第三十九条第四款规定："劳动者与其他用人单位建立劳动关系，对完成本单位的工作任务造成严重影响，或者经用人单位提出，拒不改正的，用人单位可以与其解除劳动合同。"由此条款可以看出：用人单位要适用此条款解除劳动合同，应满足以下任一条件。

（1）劳动者兼职并对本单位工作造成严重影响。

（2）如未造成严重影响，经用人单位提出且不改正的。

本条在实践中具体操作是有一定难度的，如果用人单位不懂相关操作程序，不注意收集保存相关证据，是很难适用本条款来解除劳动合同的。用人单位要选择此条款就要从长远出发，从以下几个方面加以防范。

（1）在规章制度中规定不允许兼职。

（2）核查兼职行为并保存相关证据。

（3）收集因兼职严重影响本单位工作任务的信息并保存证据。

（4）用人单位无法举证就兼职行为给本单位工作任务造成严重影响时，及时送达改正通知并收集、保存相关证据。

6. 被迫签订劳动合同后解除劳动合同

如果劳动合同是在被劳动者胁迫或欺诈或劳动者乘人之危的情况下签订的，用人单位可以解除劳动合同。比如，劳动者使用暴力或提供虚假的学历证明、身份证件等。

作为用人单位要想解除劳动合同，需保留劳动者采用胁迫手段的证据如录音、录像、证人证言等；保留劳动者所提交的资料，同时还要证明该资料不具备真实性。

7. 劳动者"被追究刑事责任"后解除劳动合同

《劳动合同法》第三十九条第六款规定："劳动者在合同履行期间，如果被追究刑事责任，用人单位可以解除劳动合同。"

这里的"被依法追究刑事责任"，具体指以下几种情况。

（1）被人民检察院免予起诉的。

（2）被人民法院判处刑罚的。

（3）被人民法院依据刑法第三十二条免予刑事处分的。

除以上三种情形外，其他情况均不得被认定"被追究刑事责任"。

8. 无过错解除合同

对于劳动者非过错性辞退的，有的用人单位对非过错情形把握不准确且证据不足以证明劳动者符合《劳动合同法》第四十条所规定的情形，从而导致被认定非法解除劳动合同，使用人单位蒙受更大的损失。

作为用人单位，如果想适用以上条款解除劳动合同，需从以下方面做好工作。

（1）掌握劳动者患病或非因公受伤证据、不能从事原工作的证据、不能从事用人单位另行安排工作的证据，如诊断证明、考核记录等。

（2）掌握劳动者不能胜任工作的证据，以及用人单位培训(或调整工作)仍不能胜任工作的证据，如考评记录、培训记录、调岗记录等。

（3）掌握因客观原因致合同无法履行且与劳动者协商无法达成一致的证据，如相关录音、协商笔录、备忘录等。

用人单位基于《劳动合同法》第四十条规定的情形解除劳动合同时，应注意以下事项。

（1）应提前三十日通知劳动者或多支付一个月工资。

（2）支付经济补偿金。

9. 用人单位错用无过错解除劳动合同

《劳动合同法》第四十二条明确规定，某些特殊劳动主体在没有过错的情况下，是不能解除劳动合同的。用人单位如果适用无过错解除条款，则会构成违法解除劳动合同，是要支付赔偿金的。

10. 送达"解除通知书"

在解除劳动合同的实务中，有很多用人单位不注重"解除劳动合同通知书送达"的重要性。相当多的用人单位口头解除，根本谈不上"解除通知书送达"。如果用人单位没有办法证明劳动者收到,就起不到劳动合同解除的法律效力了。如用人单位因为送达解除劳动合同通知书不合法而被认定为非法解除劳动合同,用人单位就要为此支付经济赔偿金。

对此,用人单位可从以下几方面来防范此类风险的发生。

(1)签订劳动合同时确定劳动者的送达地址(劳动者住址或邮箱等)。

(2)邮寄送达到合同约定地址。

(3)如不能有效送达约定地址应公告送达。

内容四:员工主动离职风险防控

大量的员工主动离职会给企业的发展带来不利的影响,因此,对于造成企业人才流失的离职,企业可以有针对性地采取一些管理策略,将流失风险限制在可接受的范围内,避免风险事故发生或将风险事故发生的概率降至最低。

1. 关键技术或商业秘密泄露的风险

企业中掌握关键技术的人才跳槽,会将企业的关键技术带走;或者离职员工手上掌握着企业的商业秘密,如果帮助竞争对手,将对企业的业务造成冲击。对此,企业的应对措施如图 5-11 所示。

建立研发与技术团队,在可能的情况下不要过分依赖某一个或少数几个技术人员或工程师。如果是多人共同发明的技术,申请专利时应将参加人员的名字都尽可能多地写上去,使专利权为大家所拥有

对关键人才签订"竞业禁止"协定。竞业禁止也称竞业限制。它的主要内容是指企业的职工(尤其是高级职工)在其任职期间不得兼职于竞争公司或兼营竞争性业务,在其离职后的特定时期或地区内也不得从业于竞争公司或进行竞争性营业活动

图 5-11 关于关键技术或商业秘密泄露风险的应对措施

> **小提示**
>
> 竞业禁止制度的一个重要目的就是保护雇主或企业的商业秘密不为雇员所侵犯,人才的异常流动常常会给企业带来阵痛,因此未雨绸缪,利用法律手段尽量降低此类风险就显得尤为重要。

2. 客户流失的风险

与企业客户直接打交道的销售人员，尤其是销售经理，掌握客户的第一手资料，与客户保持良好的交往，甚至与客户的关系非常密切。这些员工离开企业时，经常会带走一批或大部分客户，甚至将客户带给竞争对手，使企业失去客户和市场。对此，企业可以采取图5-12所示的防范措施。

措施一	建立客户信息数据库，实施客户关系管理，使客户为公司享有和使用
措施二	实施品牌战略，依靠品牌的知名度和美誉度来吸引顾客，让客户信任的是你的品牌，而不是个别的销售人员
措施三	适时调区升职。当一个员工可以升迁的时候，就证明该员工在地区上的积累已经达到一定程度，已经掌握了一个比较有力的"武器"了，当这个"武器"的矛头还没有对准自己之前，先把这个"武器"转到企业手里

图5-12　关于客户流失风险的应对措施

3. 岗位空缺的风险

员工主动离职直接的后果就是岗位空缺，关键岗位的空缺会使企业无法正常运转，高层管理人员离职后的空位成本会更高。对此，企业可以采取图5-13所示的应对措施。

运用战略性人力资源管理思想，做好人力资源规划工作。对于关键岗位，实施干部储备制度，平时注意培养有潜力的管理岗位接班人

在以往单纯的业绩评价体系中增加一项"人才备用"指标，检测如果此人离开，他的工作将由何人接替，如果没有合适人选，说明这样的管理者其实是不称职的，这就要求管理者在一些关键会议、重要的交际场合等带着一些比较有潜质的下属参加，让下属充分掌握相关信息和资源，培养他的独立工作能力，这样可以保证管理岗位后继有人

图5-13　关于岗位空缺风险的应对措施

4. 集体跳槽的风险

企业中关键人才往往在员工中具有较大的影响力和感召力，甚至有一批忠实的追随者。因此，经常发生的情况是，某位关键人物如总经理或部门经理的离开会带走一批员工，结果可能会使企业瘫痪。对此，企业可以采取图5-14所示的应对措施。

选拔、聘用具有不同背景的员工，采取多元化的管理，使员工认同公司的价值观和目标，使员工与企业建立"心理契约"关系，增加员工对企业的归属感

实施干部轮换制度，定期在部门或地区之间进行轮岗

图 5-14　关于集体跳槽风险的应对措施

5. 人心动摇的风险

企业一旦发生员工离职，特别是关键岗位员工或管理人员离职，势必对未离职的员工产生负面影响，某些影响力大的员工离职事件会造成群体心理动荡，减弱组织的向心力、凝聚力，动摇员工对企业发展的信心。对此，企业可以采取图 5-15 所示的应对措施。

就离职事件与员工进行积极的沟通，说明原因，鼓励未离职的员工努力工作，让他们对前景充满信心

做好员工职业生涯的规划与开发，提供必要的正式培训，建立一整套面向未来的培养计划。创建好的企业沟通关系和良好的人员关系，创造一种保持发展及激情的内部环境

图 5-15　关于人心动摇风险的应对措施

第四节　离职员工关系管理

【基本流程】

离职员工是企业一种特殊的人力资源，离职员工的宝贵价值也不容忽视。HR 应用全新的指导思想去管理企业与离职员工的关系，让离职员工能感受到老雇主的关怀与重视，摒弃传统"人走茶凉"的做法，让离职员工继续为企业的发展发挥"余热"，实现"一日共事，终生为友"的企业理念。

离职员工关系管理基本流程如图 5-16 所示。

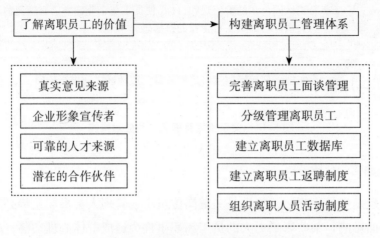

图 5-16 离职员工关系管理基本流程

【内容解读】

内容一：离职员工关系管理的含义

传统的离职管理仅限于离职申请的审批、离职面谈、工作交接等简单的离职手续的办理，而离职员工关系的管理将不再局限于传统离职手续的办理，还包括离职员工数据库的维护，保持与离职员工的互动联系，实现双方的价值交换，充分挖掘离职员工的价值，使其继续为企业的发展创造价值。

内容二：离职员工的价值

无论公司提供多么广阔的发展空间，多么诱人的薪资，或者多么优越的工作环境，总有一部分员工会因为种种原因离开企业，作为企业应当考虑的是如何从这部分流失的员工中挖掘出"剩余价值"。离职员工的价值主要体现在图 5-17 所示的几点。

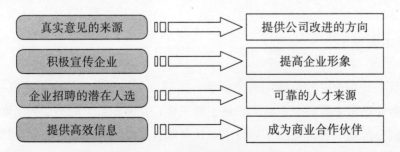

图 5-17 离职员工的价值体现

1. 真实意见的来源，提供公司改进的方向

离职员工面谈，不仅是对离职人员的安慰与挽留，更是企业倾听离职人员意见、进行自我剖析和改进的好机会。企业应鼓励即将离职的员工把不满和意见说出来，指出企业管理等方面存在的问题。

离职员工所说的一般都真实反映了企业现状和存在的问题，是企业花重金也难以买到的一线访谈资料，它不仅能够帮助企业找出急需解决的问题，不断改进、完善、优化工作流程与管理制度，而且还能帮助企业采取有效应对措施，防患于未然。

2. 积极宣传企业，提高企业形象

企业如果重视离职员工，保持与离职员工的良好关系，就能够传递出企业重视人才、尊重人才的理念，树立企业以人为本的形象，有利于企业增强雇主品牌，增强对人才的吸引。

另外，员工也会对原企业心怀感恩，对原单位做正面积极的评价，这无疑会使企业形象在无形中得到提升，有助于企业声誉的增强，以及企业品牌影响力的提高。

3. 企业招聘的潜在人选，可靠的人才来源

一项针对 500 强公司的调查显示，同雇用新员工相比，企业重新招用离职员工的费用是招用新员工的一半，并且他们的生产率比新招用的员工要高出 45% 左右。可见，离职员工的二次雇用，可以帮助企业节省招聘的搜寻成本和新员工岗位技能培训成本。

另外，离职员工曾经在公司工作过，对于公司流程与组织比较熟悉，可以快速进入工作状态，开展各项工作，跳过低效的"磨合期"。而且，再次雇用的离职员工，对于重新入职做好了心理准备，会更加珍惜这得来不易的入职机会，对企业的忠诚度也会大大提高。所以说，离职员工是企业招聘不可忽视的重要渠道，是可靠的低成本人才来源。

4. 提供高效信息，成为商业合作伙伴

离职员工一般会继续从事之前的行业，企业如果管理好与离职员工的关系，就可以实现双方的信息共享，如企业可以向离职人员咨询行业内的动态信息，离职人员也可以在第一时间向企业传递宝贵的行业发展趋势和市场信息等。

另外，离职人员在新的工作环境中，如果需要与原公司相关业务发生合作往来，大多数人会优先选择原企业。因为离职人员与原企业知根知底，彼此互相信任，可以节省大量的关系成本，有助于双方建立和加强业务联系，是公司当前的和潜在的"合作者"，离职后的员工还可能成为企业的会员和商业合作伙伴。

内容三：离职员工关系管理体系构建

随着环境变化与观念的更新，员工离职率的提高成为必然趋势，如何看待和处理与离职员工关系，发挥离职员工的价值成为企业人力资源管理的新课题。对此，企业可从图 5-18 所示的几个方面来构建离职员工关系管理体系。

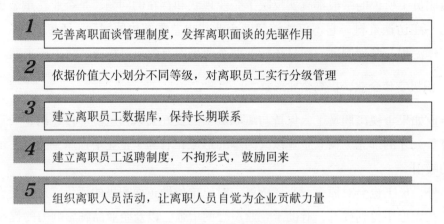

图 5-18　离职员工关系管理体系构建

1. 完善离职面谈管理制度，发挥离职面谈的先驱作用

员工向企业提出离职，就意味着离职员工关系管理正式启动，而最先做的就是要与离职员工进行面谈交流，这需要企业建立健全一套完整的离职员工面谈制度。具体措施如图 5-19 所示。

 企业要尊重员工，彰显"以人为本"的管理思想。面谈内容从离职员工切身利益的话题切入，如关心员工在企业的工作感受、工作中是否遇到困难，企业能够为其提供什么帮助等，表现出对离职员工的尊重与关怀，获取离职员工心理上的不舍与感恩

 离职面谈要在轻松愉快的氛围中进行，面谈者少说多听，尽可能地引导离职者无所顾忌地说出内心最真实的想法，以帮助企业了解员工离职的真正原因，发现企业管理的不足等

 面谈结束后，应认真整理面谈内容，根据离职员工的建议，提炼出对企业现有政策、管理制度等的改进方法，促进企业的良性发展

图 5-19　完善离职面谈管理制度的措施

2. 依据价值大小划分不同等级，对离职员工实行分级管理

企业需要按照离职员工对企业价值大小的不同，对离职员工进行 ABC 分类分级管理。具体步骤如图 5-20 所示。

第一步	根据离职员工的能力、职位以及对企业影响力等指标划分出 A、B、C 三个等级，并清楚界定三个等级的评价标准
第二步	对员工的价值进行衡量，并"对号入座"。一般情况下，被动离职的员工划入 C 类，而主动离职的员工则对比评价标准和员工实际情况，分别放入 A、B 等级
第三步	对离职人员的职务、技能等状态进行实时监控和重新评估，以实现员工价值等级的动态调整
第四步	实行分级管理，如对重点的 A 类员工，企业应重点制定一些"个性化"的管理策略，与其保持密切的联系；对 B 类员工，企业可以在特殊时期如节假日进行联系和问候；C 类员工是企业主动淘汰的员工，只需偶尔维系以保持企业的正面形象，尽可能地减少他们可能带来的负面影响

图 5-20　对离职员工实行分级管理的步骤

3.建立离职员工数据库，保持长期联系

企业可以项目小组的形式，或由企业已有人力资源部门成员通过工作扩大化的方式，设立专门离职员工关系管理岗位，负责离职员工数据库维护的相关工作。这个数据库不仅应包括离职员工的姓名、联系方式、离职去向，还应包括离职人员在岗时的基本情况、离职后的工作状况，甚至是家庭情况等。

比如，麦肯锡咨询公司有一本著名的《麦肯锡校友录》——即离职员工的花名册，包含离职员工在职基本情况，离职后去向和新的联系方式等，这是一本有名的前雇员信息数据库。麦肯锡咨询公司将员工离职看作是"学生毕业离校"，而不是"公司的背叛者"，并每年投入巨资为"毕业生"举办校友联谊会，搭建沟通平台。从麦肯锡离职的员工，大部分成为各行各业的 CEO 和高层管理者、各大高校的教授，甚至是政治家，这些离职员工在其今后的个人发展道路上，都不忘在麦肯锡学习工作的日子，很多成为麦肯锡的潜在客户或行业资源，为公司带来了巨大的回报。

除此之外，企业要对离职后的员工进行实时跟踪调查，及时更新员工的动态信息，以保证企业能够通过数据库有效地对离职人员进行开发与利用。具体措施如图 5-21 所示。

1	企业通过数据库，可以了解离职员工现状，以便在适当的时机进行返聘
2	在节假日、员工生日时送上祝福，表达原公司对员工的关怀
3	可以定期地通过邮件等渠道向离职员工发送公司的电子刊物，邀请离职员工参加公司组织的庆典活动等

图 5-21　通过数据库对离职人员进行开发与利用的措施

以上这些方式，能够实现离职员工与企业的情感维系，加强彼此之间的良性互动，增强归属感，实现双方的双赢。

> **小提示**
>
> 完备的数据库有利于管理人员了解、接近和开发利用离职员工。当然，建立信息库的工作可视企业的规模和需要而定，信息库的规模和复杂程度也可大可小。

4. 建立离职员工返聘制度，不拘形式，鼓励回来

跳槽的优秀员工重返公司，由于彼此相互了解，信息对称，可以减少用人不当的风险，降低了招聘和培养成本，还会给企业带来新经验和新技术，而且稳定性和忠诚度较高。

企业应该欢迎跳槽的优秀人才重返公司效力，建立离职员工返聘制度，具体措施如图5-22所示。

1. 通过离职员工数据库确定返聘对象，即业绩与能力较为优秀、担任企业核心岗位、且辞职原因合理的离职人员

2. 设置返聘条件，将员工在职期间的年限、绩效考核结果以及离职时间等作为限制性条件，作为是否返聘和返聘后试用期确定的参考依据

3. 根据员工意愿和企业的实际情况确定员工返聘后的岗位，一般情况下不会低于原岗位

4. 确定返聘后的薪酬体系，一般是在相对应的岗位薪酬的基础上，采用工龄累加、业绩累加的方式，同时还再给予一定的补助奖励吸引优秀员工返聘，达到企业与员工双赢的结果

图5-22　建立离职员工返聘制度

要知道，雇用一位离职员工所花费的成本往往只是招聘一名新人所需费用的一半。回到自己熟悉的环境，由于对人员、业务流程、管理方式和企业文化非常了解，返聘员工可以很快融入原有的文化，进入发挥自己才能的工作状态，直接跳过了新人进入后从不适应到逐渐适应的磨合期。

另外，返聘员工跳槽后的经历对他们而言是一段宝贵的财富。不同的环境和工作内容进一步锻炼了他们的能力，阅历也随之增加。回归者的选择往往经过深思熟虑，他们对企业的忠诚度也更值得信赖。优秀员工愿意重返企业，也是他们对企业及企业文化的认同。

比如，摩托罗拉的"回聘"制度规定：如果人才离开公司90天内能够回到公司

来，以前在公司的工龄还可以继续计算。人力资源部规定：在人才离职后的60天后，给他打电话，经常保持联系。

5.组织离职人员活动，让离职人员自觉为企业贡献力量

企业可以邀请离职人员参加企业组织的集体活动，或者定期组织专门的离职人员活动。活动的内容和目的可以多种多样，既可以是专门的感情联络活动，也可以邀请专业人士讨论某些专业的话题。通过参与这样的活动可以让离职人员感到企业对自己的重视，从而自觉自愿地为企业贡献力量。

比如，阿里离职员工组织延续了阿里的橙色Logo，命名"前橙会"，工号是入会的敲门砖。他们会定期在杭州、北京、上海、广州、硅谷等地举办线下活动，为阿里系的创业者与投资人牵线搭桥，彼此分享心法，切磋交流经验。

再如腾讯的"南极圈""单飞企鹅俱乐部"，百度的"百老汇"，华为的"华友会"，盛大的"盛斗士"等。这些员工虽然离职，但是他们通过这种方式，延续了企业的精神，也实现了自己更大的价值。

以各种形式保持与离职人员的密切联系，维持他们与企业之间的关系，这样在需要的时候，他们就会自然而然地站出来，为企业说话或提供帮助。